스윙의 基本技를 위한

골프 스윙 마스터

스포츠서적 편집실

GOLF SWING MASTER

일신서적출판사

1. 새로운
다크 호스로 등장한
서독 출신의
Bernhard Langer.
2. Sam Torrance의
원 홀.
3. PGA 챔피온십에서
아이언을 터뜨리는
Greg Norman.

1. 1986년 마스터즈 이틀째
   18홀에서의
   Severiano Ballesteros.
2. '새로운 Jack Nicklaus'라고 불리는
   Johnny Miller.
3. 1985년 마스터즈에서 승리한
   Had Curtis Strange는
   토너먼트 사상
   최고의 성적을 올렸다.

1	2
3

1. 롱 아이언을 하고 있는 Bob Tway.
2. 티 숏의 결과를 기다리는 Bernhard Langer.
3. 1985년 Ryder Cup을 거머쥔 Sandy Lyle.

1. 1970년
   마스터즈 토너먼트에서
   분투하고 있는 Jacklin.
2. Seve의
   훌륭한 스윙 폼.
3. 복고적인 차림으로
   스윙하고 있는
   Dayne Stewart.

어느 그립이라도 양손을 가지런히 하여 하나로 모으는 것이 주된 목적이라는 것을 잊어서는 안 된다. 양손의 손가락과 양손 사이가 좁을수록 스윙하는 동안 그립은 하나로 되어 움직이게 된다.

당신이 하는 그립과 이 그림을 비교하여 주기 바란다.

하반신의 저항에 대하여 상반신을 확실하게
비틀수록 거리가 생기게되는 '되돌리기의 힘'이
커지게 된다.
　몸을 좌우 상하로 스웨이하지 말고, 오른쪽
무릎도 펴지 말고, 그립도 늦추지 않는다면 어깨
를 지나치게 비틀거나 팔을 지나치게 스윙하는
일은 없게 된다.

어느 클럽에서나 기본적인
스윙은 달라지지 않는다는
것을 재삼 강조한다.
올바른 스윙을 몸에 익히기
위해서는 샤프트의 길이에
의해 자동적으로 볼과의 거리
가 결정되게 된다. 샤프트가
길수록 원호(円弧)도 커지게
된다.
힘의 가감이나 그 밖의 점들
은 모두 마찬가지이다.

골프 스윙 마스터

GOLF SWING MASTER

일신·스포츠서적 편집실

머 리 말

골프 용구의 이노베이션(기술 혁신)은 놀랄 만한 속도로 진보하고 있다. 아마추어의 비거리(飛距離)는 이런 용구의 축적된 개량에 의해 더욱 길어지고, 날지 않는다고 생각했던 골퍼도 거리에 대한 희망의 가능성을 이제는 느끼게 되고 내심으로 기뻐 하고 있다.

내노라 하는 골퍼에 있어서는 더욱 그렇다. 용구의 기술 혁신은 수많은 골퍼에게 꿈을 안겨주고, 새로운 정열을 북돋우게 했다는 의미에서 멋진 일이 아닐 수 없다.

그러나, 이러한 골퍼도 그러면 스코어가 그에 따라 개량되었는지에 대해서는 반드시 그렇다고 할 수만은 없다.

개중에는 하프 53~54 정도에서 맴돌던 골퍼가 45~47로 늘었다는 말을 듣는다. 하지만, 자세히 따져보면 그 골퍼의 스코어가 좋아진 것은 멋진 용구를 얻은 결과, 얼마간 냉각해가고 있던 정열이 또다시 되살아나 연습에도 다니고, 코스에도 의욕적으로 갖게 되었다는 것을 알 수 있었다.

일이란 만사가 이같은 것이 아니겠는가? 지금까지의 클럽이나 공, 혹은 잘 나는 공, 그리고 날리기 쉬운 최신의 클럽 등 무엇이든지 좋다. 그것을 이용하는 골퍼 자신의 기술을 확실한 것으로 삼기만 한다면, 자연히 스코어는 좋아지고, 그러는 동안에 잘 날리지 못했던 사람도 일약 잘 날릴 수 있는 사람으로 변신할 수도 있는 것이다.

여러분, 다시 한 번 자력(自力)의 기술에 눈을 돌려보면 어떻겠는가? 너무나도 많은 골퍼가 향상을 늦추고 있는 것은 안타까운 일이 아닐 수 없다.

유감스럽다는 표현은 진부하고 분한 생각이 들기도 한다. 라운드 100 이상을 기록하는 골퍼는 어서 90 대로, 90 대는 80 대로, 80 대는 70 대로 누구나 다 과감히 돌진해 주기 바란다.

기술에의 확신과 자신감――이것을 원하는 것은 비단 프로 골퍼만은 아닐 것이다.

차   례

낭비 없는 스윙 만들기

　저음부터 누구나 다 이런 스윙을 할 수 있게 되는 것은 아니다. 그러나, 골퍼의 스윙은 궁극적으로는 낭비가 있으면 안 되는 것이므로 골퍼는 연습장이건, 코스이건 클럽을 휘두를 기회가 있을 때마다, 어떻게 하면 자신의 스윙에서 낭비를 없앨 수 있는지 진지하게 생각하며 해봐야 하는 것이다. 스윙에 낭비가 많을수록 클럽 헤드가 제 궤도에서 벗어날 가능성이 많고, 모든 것을 망쳐 버린다.

　필자는 프로로서 비교적 스윙에 애먹지 않았던 사람이다. 프로이기 때문에 스윙이 좋을 것은 뻔하다고 생각하는 건 큰 잘못으로, 개중에는 도중에서 마치 백화점의 장난감 매장에서 미아가 된 어린아이처럼 어찌할 바를 모르기도 하고, 그런가 하면, 자기로서는 그것이 옳은 방법이라고 생각하면서도 남이 보면 사실은 엉뚱한 방향으로 치닫고 있는 딱한 사람도 있다. 그럼, 어째서 필자가 오랜 프로의 캐리어(경험) 중에서 스윙에 망설이지 않고, 옳은 방향을 걸을 수 있었는가. 건방진 말이지만 그것은 결코 우연이 아니다.

「비만」이란 말을 들었던 필자도, 1982
년부터 다이어트를 시작했다. 거의 100
킬로는 넘어 섰던 것으로 아는 체중이 90킬
로를 밑돌게 되었다. 물론 숏도 된다. 이것
도 한 가지. 낭비를 없앤 것이 된다.

　한 마디로 말해, 스윙을 끊임없이 선취(先取)해 갔던 게 아마도 몇 가닥이나
있었을 미로에 발을 들여놓지 않고 지낼 수 있었던 가장 큰 이유라고 생각한다.
　그럼, 어떤 식으로 스윙을 선취해 갔는가. 그 근본에 있었던 테마가 일체의
낭비를 없앤 스윙의 추구이다. 간단한 스윙이지만, 실제로 완성된 이 스윙은
말에서 풍기는 이미지와 달라, 그 '비법'은 깊고도 넓다. 알기 쉬운 예를 들자면,
비거리를 내고 정확한 공의 선을 얻기 위해서는 우선 몸을 충분히 놀리고 치지
않으면 안 된다. 그러나 그 때문에 몸을 지나치게 놀리면 공은 초점이 흔들려
비거리도 나지 않는다.

8

즉, 몸을 충분히 놀려야 하나, 그러기 위해서는 반대로 몸의 불필요한 움직임을 극력 아끼지 않으면 안 된다. 이런 것을 머리나 몸으로 알 수 있게 되지 않으면 언제까지 지나도 스윙에서 낭비를 없애지 못하고, 거리가 나지 않는 티 숏과, 정확성을 잃은 아이언에 다만 부질없이 고개를 갸웃거리는 결과가 된다.

하지만 반면, 몸의 불필요한 움직임을 아끼는 것에만 신경을 집중시키면, 이번에는 움직이지 않으면 안 되는 요긴한 부분, 특히 양쪽 무릎 등이 움직이지 않게 되고 마는 일도 간혹 생긴다. 이것도 좋은 결과를 가져다 주지는 못한다.

일반적으로 아마추어 골퍼의 스윙은 '움직여야 할 곳이 움직이지 않고, 움직이면 안 되는 곳이 움직이는' 성가신 상태에 빠지는 적이 많다. 그러나, 이러한 결점도 스윙에서 낭비를 없애는 노력을 계속함으로써 본래 있어야 할 자세로 되돌아올 수 있다고 확신한다. 현재 행하여지고 있는 스윙의 낭비를 체크한다는 것은 몸의 남아 도는 움직임을 막는 동시에 움직이지 않으면 안 되는 부분의 움직임을 부활시키는 것이 되기 때문이다.

골프의 장점은 70세는 말할 것도 없고 80세를 넘기고서도 즐길 수 있는 스포츠라는 점 외에도, 그 70, 80세의 사람이 혈기 왕성한 20, 30세의 사람을 기술과 두뇌 (캐리어는 말할 것도 없이)로 물리칠 수 있는 경기라는 점이다.

이런 통쾌한 일도 없을 것이다. 그러나, 그렇게 하기 위해서는 가능한 한 빠른 시기에 낭비없는 '스윙다운 스윙'을 습득하도록 해야 할 것이다.

《이 점이 문제》

 스윙을 망치고 마는 하나의 형(形)으로서 왼발이 임팩트에서 버틴다——고 하는 것이 있다. 아마추어 뿐만 아니라 프로에도 있다. 프로의 경우에는, 왼발이 버틴다고 하기 보다는 몸이 튀어오르게 된다. 참으로 다이내믹(동적)하고 프로다운 든든함이 느껴지나, 필자의 입장에서는 겁이 나서 보고 있을 수 없다. 공이 어디로 날아갈지 모르는 것이다.

 발의 힘이 센 프로 중에서 이러한 형을 볼 수 있다. 발이 세다는 것은 상당한 무기로 거리도 다른 프로보다 나게 된다. 그런데, 항상 좋은 방향에만 작용한다고는 할 수 없고, 발이 세기 때문에 임팩트에서 몸이 밑으로부터 튀어오르고 전체가 뻗쳐 오르는 것 같은 자세가 되고 만다.

 20 대로서 몸에 아직 유연성이 있는 동안은 이 폼이라도 타구할 수 있고, 강렬한 언더 파의 스코어도 낼 수 있으나, 이 때를 고비로 유연성에도 조금씩 '그늘'이 생겨 공의 행방이 정해지기 어렵게 된다. 이러한 일종의 '위험 존(지대)'을 극복하기 위해서 필자는 다음과 같은 방법을 연습에 채택하여, 몇만 발의 공을 쳤다. 스탠스를 대담하게 넓히고 내리쳤던 것이다. 스탠스를 많이 넓히고 스윙하면 어떻게 되는가. 통상의 어깨 나비의 스탠스에서 치는 경우에 비하면, 임팩트에서의 몸의 튀어오름이 매우 적어진다. 튀어오르지 못하는 것이다. 아울러 스탠스와 허리의 회전 관계에 대해 설명하자면, 좁은 스탠스 쪽이 허리가 자유로이 회전하고, 넓어질수록 회전하기 힘들게 된다. 그러나, 그래도 공은 칠 수 있다. 두 무릎을 부드럽게 하고, 팔로 클럽 헤드를 휘둘러 주면 얼마든지 살아 있는 공을 칠 수 있는 것이다. 이런 연습으로 필자는 당연히 맞게 되는 스윙상의 '위험 존'을 무난히 돌파해 갔다.

 그런데, 아마추어의 경우에는 프로처럼 발의 힘이 세고, 몸이 튀어오르는 것 같은 예는 많지 않으며, 태반이 임팩트에서 클럽이 이탈점을 잃어, 하는 수 없이 두 무릎을 펴거나, 또는 어느 한쪽의 발뒤꿈치를 들고 두 팔을 약간 움츠리면서 떠 올리듯이 공을 치게 되는 것 같다.

 클럽 헤드가 뻗지 않고 멈추다 마는 전형적인 형인데, 이런 골퍼는 역시 스윙의 원점으로 되돌아가서 그림이나 어드레스 등의 기본적인 면을 체크하고, 어쨌든 팔이 자연스럽게 되는 상태를 만들어내는 일이 중요하다고 할 수 있다.

×　　　　　×　　　　　×

 필자는 스윙 전체를 파악하기 위해 최초에 총체적인 것을 기술했는데, 그것은

10

발, 정확히는 다리가 센 플레이어
는, 프로도 왼발을 버틴다고 할까,
몸을 튀어오르게 한다. 이것으로 비
거리도 보통 프로 이상으로 나가는
것인데, 이것에 만족하고 있으면 큰
일이 난다. 다리가 센 아마추어도 마
찬가지이다.

11

앞으로 '부분'을 기술할 때에 맞춰, 반드시 '전체'도 상기해 주기를 바라기 때문이다. 전체의 리듬 중에서 부분을 수정한다. 혹은 부분을 수정하면서 전체의 리듬을 항상 보다 좋은 방향으로 가져가는 것이 좋은 방식이고, 부분적인 결함만을 맹목적으로 바로잡아도, 그것이 스윙 전체의 흐름과 맞물리지 않는다면 해는 될지언정 이익은 되지 않는다는 것을 알아 주길 바라기 때문이다.

골프의 스윙이, 사람에 따라 각각 다른 것은 프로, 아마를 막론하고 마찬가지이다. 업 라이트한 스윙을 하는 사람이 있는가 하면, 제법 플랫한 스윙으로 나이스 숏을 보여주는 사람도 있다. 이것이야말로 체격 등에서 오는 '개성'으로, 이것을 소중히 하지 않으면 안 된다.

백 스윙은
두 어깨의
회전으로 행한다.

스윙의 템포만 해도, 느긋한 사람과 빠른 사람이 있다. 템포는 느긋한 쪽이 취하기 쉽다. 즉 스윙이 흐트러지기 힘든 점에서 느긋하게 한 쪽이 좋으나, 이것도 사람에 따라 차이는 있다. 그러나, 아무리 '개성'을 존중한다고 해도, 이치에 맞지 않는 스윙에 '개성'이란 명분을 고집하는 것은 말도 안 된다. 그것은 오히려 개성의 좋은 점 등을 어딘가에 잃어버리고 있다. 자신의 스윙을 스스로 연구하는 한편, 베테랑의 프로나 레슨 프로에게 체크해 받는 것은 그런 의미에서 좋은 일이다.

톱 오브 스윙에서는 왼쪽 어깨를 공의 우측(右側)까지 돌린다.

본문(本文)에서도 지적한 바와 같이 스윙을 체크할 때, 항상 필요한 것은 전체의 흐름이다. 프로에서도 컨디션의 좋고 나쁨에 관계없이 자신의 스윙은 항상 체크하고 있다.

흔히, 스포츠지(紙)의 담화에서 프로가, "지금까지 드라이버의 ××가 좋지 않으므로, 그 점을 조심하고 바로잡았더니 좋은 스코어가 나게 되었다" 하고, 말하는 적이 있어, 그것을 읽은 아마추어 중에는 "프로도 아직 스윙이 나쁜 데가 있는 걸까?" 하고 의아해하며 필자에게 물으러오는 사람도 있다. 그러나, 현역 시절의 일류 선수도 슬럼프에 빠졌듯이, 일류 프로 골퍼에게도, 때에 따라 나쁜 곳이 나오게 된다. 따라서, 어느 경우에는 스스로도 알지 못해, 선배인 프로에게 물으러 가는 것이다. 아마추어의 경우에는 나쁜 곳을 바로잡는다고 해도, 프로의 경우와는 전혀 차원이 다르다. 게다가 아마추어의 경우에는 바로잡을 곳이 대개 골 스윙의 근본적인 것이 된다. 그러나, 중요한 것은 부분을 시정하면서도 전체의 타이밍에 대한 '좋은 점'을 잃지 않는 일이다.

클럽 헤드가 '휘둘러지는' 것이 골프 스윙에서는 기본적인 일이다. 프로의 스윙을 보고 있으면, 클럽을 가볍게 휘두르고 있어도 쌩쌩 기분 좋은 소리가 들려온다. 왼쪽 귀 쪽에서 '쌩'하는 소리가 들리는 느낌이다. 되풀이하지만, 이것은 힘을 주고 클럽을 휘두르는 것은 아니다. 과장해서 말하면, 클럽 헤드의 움직임에 맡기고 있는 것 같은 느낌이다. 클럽 헤드의 무게를 느끼면서 타이밍 좋게 휘두르면, 힘을 주지 않아도 클럽 헤드는 자연히 스피드가 붙어 '쌩'하고 휘두를 수 있는 것이다. 아마추어에게서 가장 부족한 점은 이 점에 대한 의식이다. 클럽 헤드를 휘두르는 의식보다 멀리까지 날리는 마음 쪽이 강하기 때문에, 보고 있으면 양팔로 미는 것 같은 형이 되기도 하고, 백 스윙이 함부로 커지며, 그 때문에 공을 치기 위한 힘은 임팩트 직전에서 벌써 없어져버리게 된다. 팔로 클럽 헤드를 휘둘러본다. 몸의 축(軸)을 움직여서는 안 되고, 백 스윙에서 힘을 주어서는 안 된다는 것도 알게 되었을 것이다. 이런 동작을 계속하면 클럽 헤드는 확실히 '살아나게' 될 것이다.

그립

그립의 종류

스윙에서 무엇이 제일 중요하냐고 하는 질문을 받으면, 필자는 다음 세 가지를 주저없이 말한다.

① 그립   ② 자세   ③ 타이밍

이 세 가지가 스윙의 좋고 나쁨을 결정한다. 그리고, 무엇보다도 기본이 되는 것은 그립이다. 지금까지의 관례에 따르면 그립에는

1 오버래핑   2 인터록킹

3 베이스 볼 그립

의 세 종류가 있다. 그러나, 필자가 권하는 것은 1의 오버래핑이다. 오른손의 새끼손가락을 왼손의 집게손가락과 가운데손가락 사이쯤에 얹고, 오른손의 힘을 약간 약하게 하여 좌우의 밸런스를 알맞은 것으로 하는 동시에, 양손의 일체감을 강하게 하는 이 그립은 다른 두 종류에 비해, 가장 안정되어 있다.

하지만, 문제는 이 오버래핑을 채용했다고 하면, 좌우의 그립을 어떤 식으로 해야 좋은가 하는 것이다. 형은 오버래핑이고, 내용은 엉터리인 골퍼도 참으로 많은 것이다.

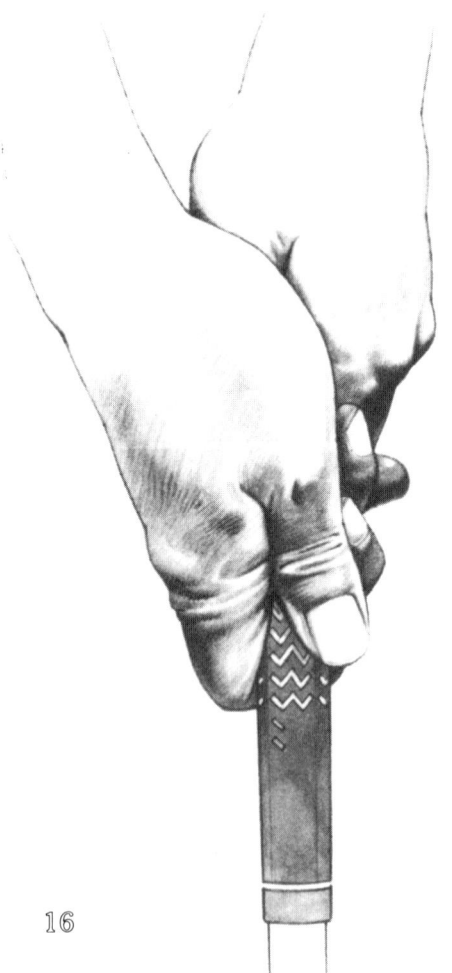

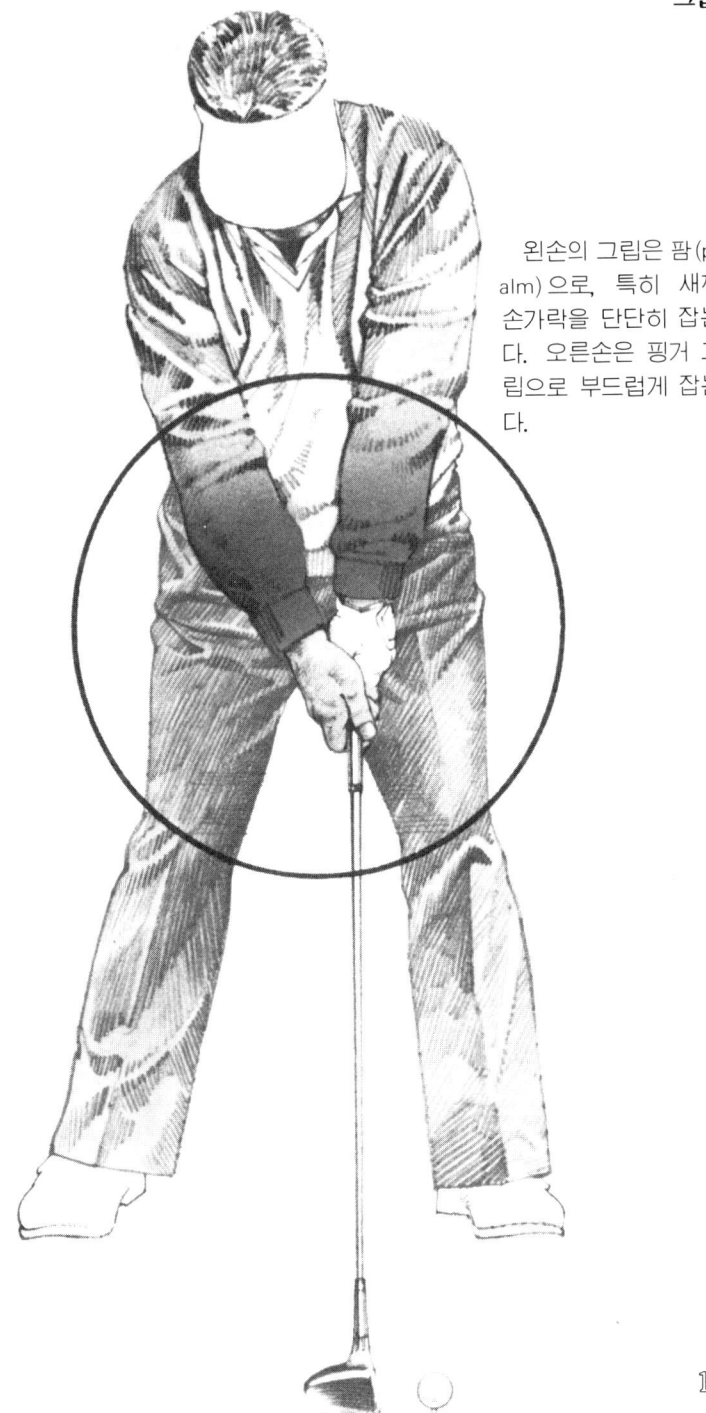

왼손의 그립은 팜(p-alm)으로, 특히 새끼 손가락을 단단히 잡는다. 오른손은 핑거 그립으로 부드럽게 잡는다.

17

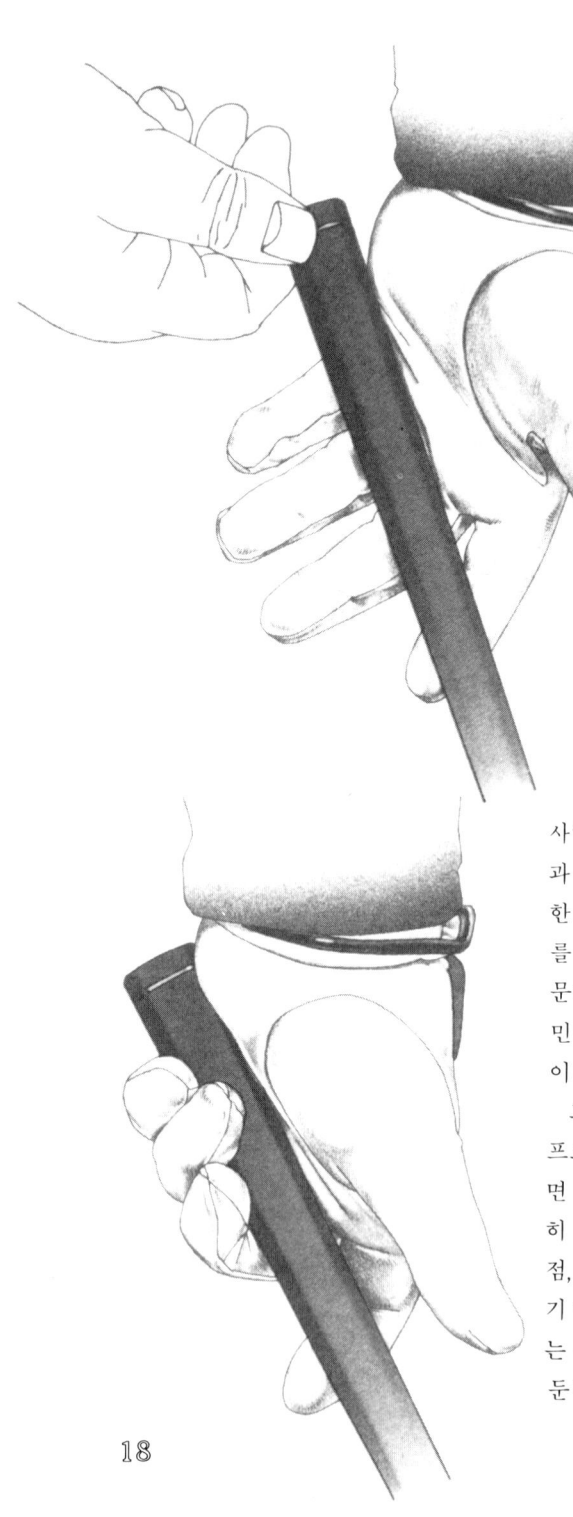

왼손의 그립

우선 왼손의 그립인
데, 이것은 팜 그립이
되게 한다. 즉 샤프트
를 손바닥으로 잡는
것이다. 손바닥을 샤
프트가 비스듬히 가로
지르듯 잡는 이 팜 그
립은 스윙 중의 강한
쇼크에도 견디는 힘찬
그립이다.

골프를 배운 최초의 시기에 팜
그립을 할 수 있는 사람은 특별
히 문제도 없으나, 어쩐지 '잡기
쉽다'는 손의 느낌만으로 잡은
사람은 핑거 그립이 되기도 하고, 팜
과 핑거 사이가 되기도 한다. 특히 위험
한 것은 핑거 그립으로, 이것은 샤프트
를 왼손의 손가락 부분만으로 잡기 때
문에 까딱하면 샤프트의 느낌을 직접
민감하게 감취하게 되기 때문에, 이것
이 최상이라고 믿기 쉽다.

그런데, 실제로는 손가락 안에서 샤
프트가 움직이기 쉽고, 또 민감한 반
면 자유롭게 되기 쉽기 때문에 간단
히 오버 스윙을 허용하고 만다. 그런
점, 팜 그립은 샤프트를 손바닥으로 잡
기 때문에 핑거 그립 만큼 직접적으로
는 샤프트의 느낌이 전해지지 않는다.
둔감한 느낌으로 그만큼 자유롭게 움

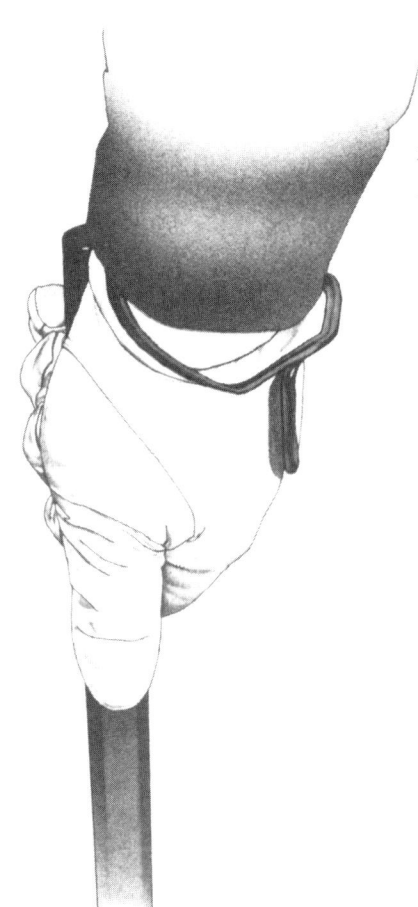

직이기 힘들고, 실제로 스윙할 때도 확실한 상태를 유지하고, 오버 스윙이 되기도 힘들다.

《이 점이 문제》

왼손 그립의 포인트는, 또 하나, 새끼손가락에 있다. 샤프트를 손바닥으로 감싸는 팜 그립을 채용한 데서, 그것을 완성품이 되게 하자면 새끼손가락의 쥐기를 확실하게 하지 않으면 안 된다.

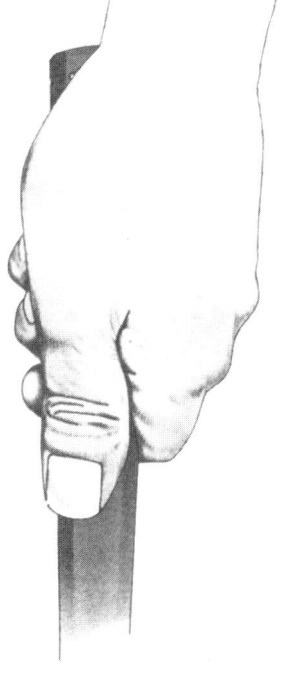

이 의미를 감지하자면, 왼손만으로 클럽을 휘둘러보는 일이다. 팜 그립이 되게 하고, 이 때, 새끼손가락을 고정시킨다. 그러면, 가벼운 스윙 중에도 클럽은 조금도 흔들리지 않고, 안정된 느낌으로 휘두를 수 있게 될 것이다. 비교하기 위해, 새끼손가락의 힘을 조금 늦추고 휘둘러보자. 흔들리는 불안정한 스윙이 되는 정도가 아니다. 개중에는 대단치는 않으나 힘이 주어지지 않고, 가벼운 스윙조차 할 수 없는 골퍼가 있을 것이다.

끝으로 엄지손가락과 집게손가락 사이의 틈을 좁히고, 이 엄지손가락과 집게손가락의 흔히 말하는 V자가 자신의 오른쪽 어깨를 가리키도록 세트하는 것을 잊지 말아주기 바란다.

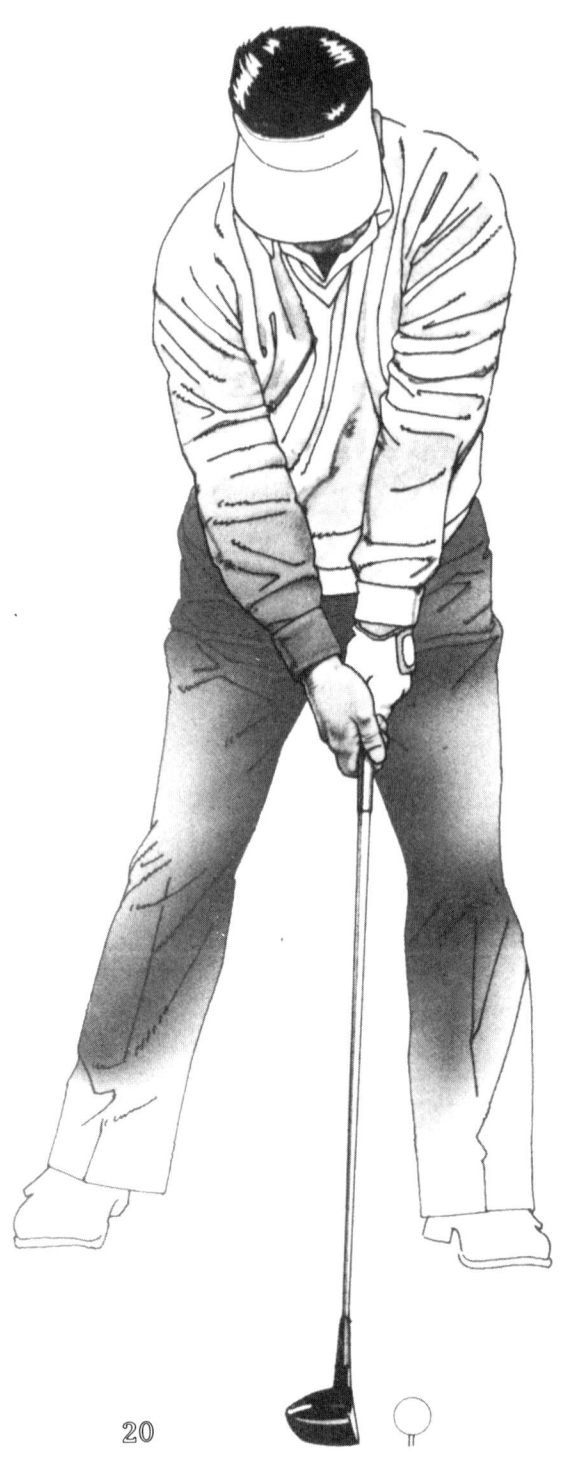

오른손의 그립

다음은 오른손 그립으로 옮기자. 오른손 그립의 요령이라고나 할까 필링(감)을 한마디로 표현하면 '부드럽게 잡는다'——가 된다.

왼손은 팜 그립으로 하고, 새끼손가락으로 꽉 누른다. 말하자면 왼손(팔)은 클럽을 꽉 받치고, 스윙을 고정시키는 축의 역할을 맡는다. 이와는 달리 오른손은 공을 쳐가는 것이니, 딱딱함이 있어서는 안 된다. 그러기 위해서는 왼손과는 다른 핑거 그립이 되게 하고 손가락만으로 잡는다.

샤프트와 악수하는 느낌으로 잡는 것이 요령이고, 이 때도 일러스트(삽화)에 있듯이 엄지손가락과 집게손가락 사이를 벌리지 말고, 이 사이에 생긴 V자가 왼손의 그것과 마찬가지로 자신의 오른쪽 어깨를 가리키도록 세트한다.

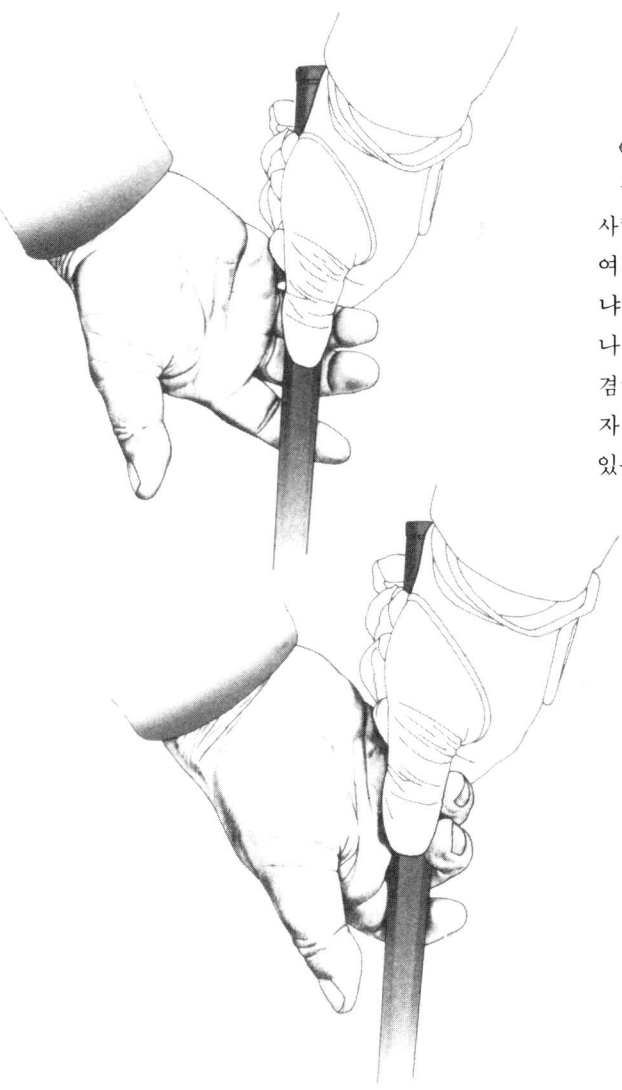

《이 점이 문제》

필자의 스윙을 알고 있는 사람이 품고 있을 의문에 여기서 대답하기로 한다. 왜냐하면 텔레비전의 레슨이나 토너먼트, 혹은 강연을 겸해 행하는 레슨 등으로 필자의 스윙을 충분히 알고 있는 분들이 필자의 왼손 그립은 반드시 V자가

오른쪽 어깨를 가리키고 있지 않다 고 하여 "실제와는 틀리는 것이 아닙니까?" 하는 질문을 받을 적이 가끔 있다.

확실히 필자의 왼손 그립은 엄지손가락이 샤프트의 바로 위에 놓여 있다. 이것은 악력(握力)이 아마추어의 골퍼에 비해 훨씬 강한 필자 나름대로의 그립으로, 필자의 경우에는 이러한 이른바 위크 그립으로부터 백 스윙이면 클럽페이스를 아주 조금 셔트하는 기분으로 올려서 밸런스를 취하고, 극력 왼쪽으로 가지 않는(훅을 하지 않는) 공을 치고 있다.

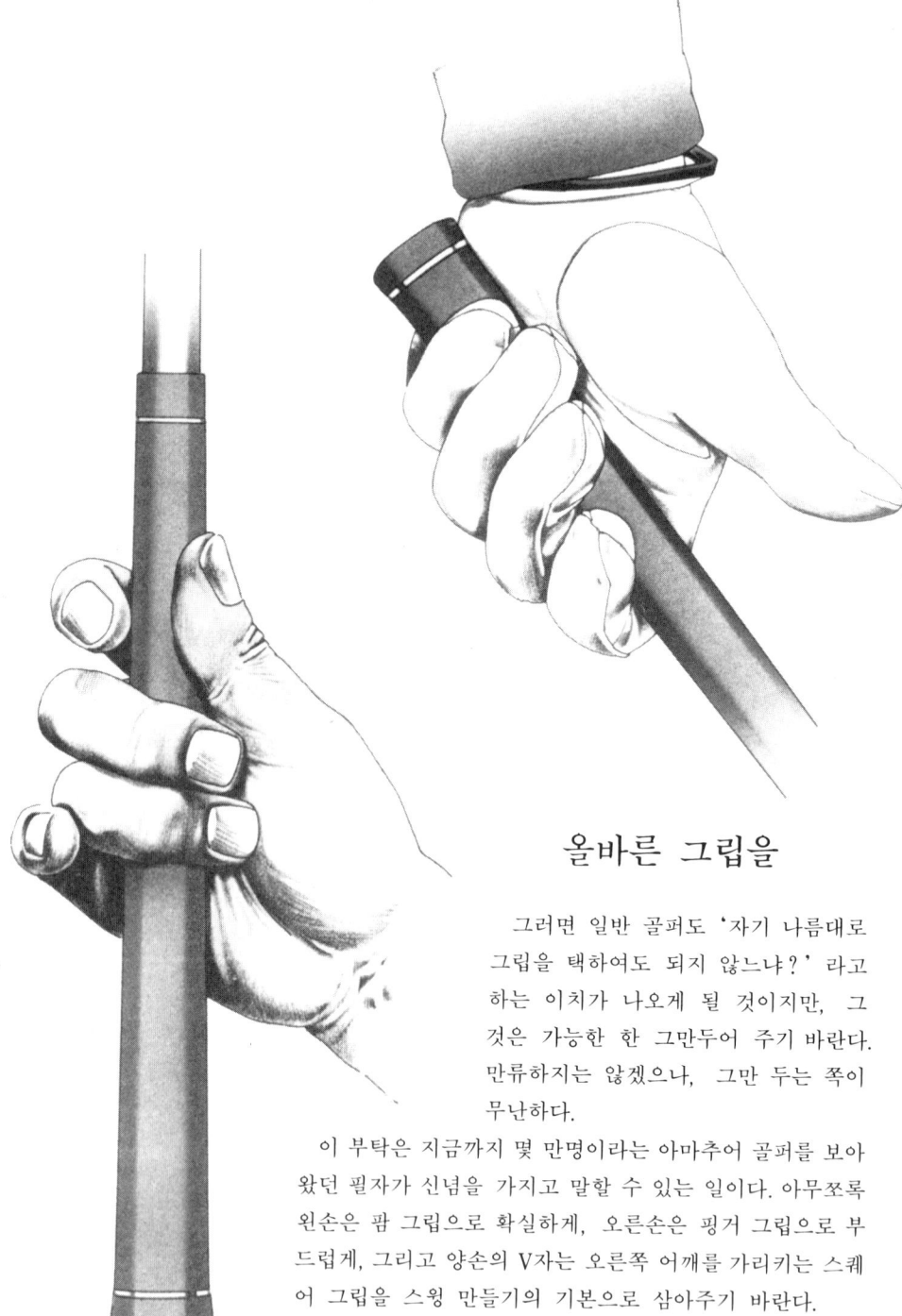

올바른 그립을

그러면 일반 골퍼도 '자기 나름대로 그립을 택하여도 되지 않느냐?' 라고 하는 이치가 나오게 될 것이지만, 그 것은 가능한 한 그만두어 주기 바란다. 만류하지는 않겠으나, 그만 두는 쪽이 무난하다.

이 부탁은 지금까지 몇 만명이라는 아마추어 골퍼를 보아 왔던 필자가 신념을 가지고 말할 수 있는 일이다. 아무쪼록 왼손은 팜 그립으로 확실하게, 오른손은 핑거 그립으로 부드럽게, 그리고 양손의 V자는 오른쪽 어깨를 가리키는 스퀘어 그립을 스윙 만들기의 기본으로 삼아주기 바란다.

이 그립을 믿는 것이, 무엇보다도 향상의 지름길이 된다는 것을, 필자는 확신하고 있다.

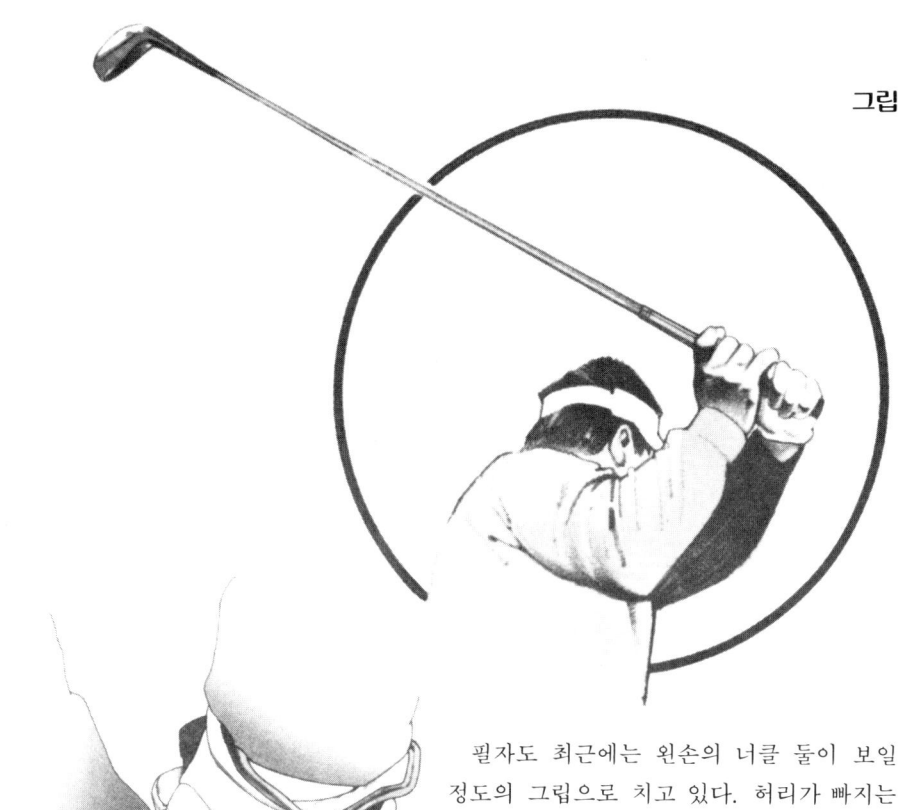

　필자도 최근에는 왼손의 너클 둘이 보일 정도의 그립으로 치고 있다. 허리가 빠지는 정도가 좋으면, 필자처럼 힘이 있는 사람도 혹을 하지 않는 것이다. 그립이 나쁜데도 좋은 숏을 하는 사람은 거의 없다. 대조적으로 안정된 숏을 하고 있는 사람의 그립은 좋다. 프로의 그립을 보면 천차 만별, 여러 가지가 있는 듯이 보인다. 필자처럼 악력이 유별나게 강한 사람은 왼손을 얕게 잡고 공이 왼쪽으로 가지 않도록 한다. 그러나, 이것이 아마추어가 되면 저절로 달라지게 된다. 아마추어는 결과를 서두른다. 프로도 좋은 숏은 원하지만, 그것이 이론적으로 착실히 뒷받침된 확실한 것에서 생겨나지 않으면 좀처럼 납득하지 않는다. 좋은 숏만 보고, 좋다고는 하시 않는 것이나. 따라서 그립 등에도 끊임없이 세심한 주의를 기울이고 있다. 프로가 어드레스에 들어설 때, 자세히 보면 그립은 꼼꼼히 하고 있다.

23

어드레스

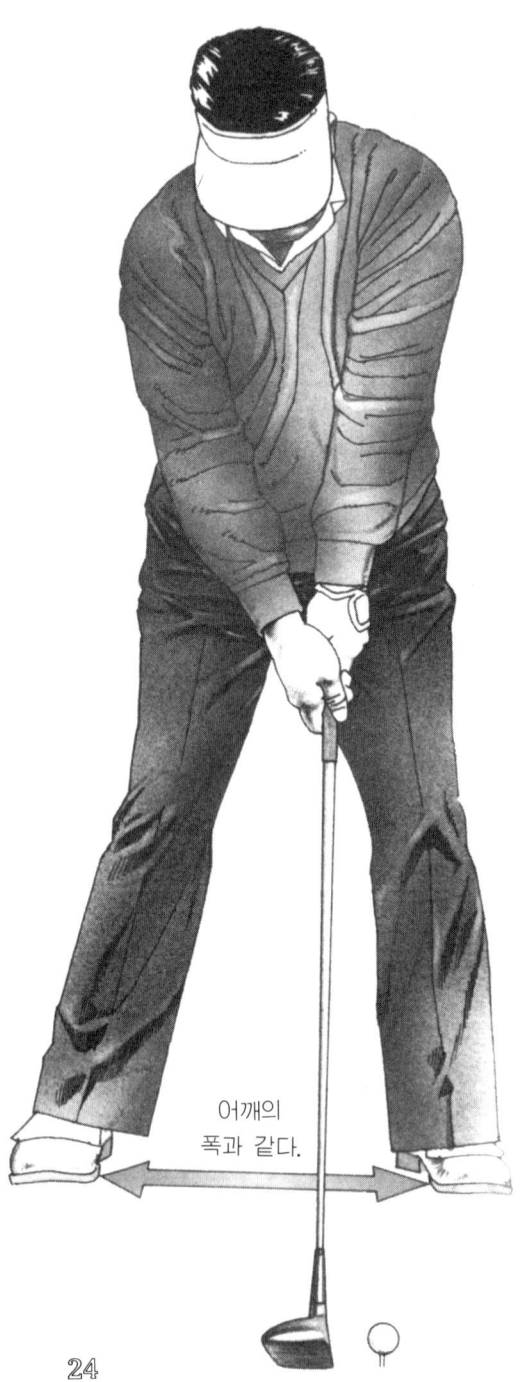

어드레스를 보면, 그 사람의 솜씨를 대충 알게 된다. 그처럼 어드레스라는 것은 중요하며, '정직'한 것이다. 공을 치는 자세를 만드는 것이니, 상식적으로 말해도 부자연스럽게 느껴지는 어드레스에서는 좋은 공을 칠 수가 없다.

부자연스러운 어드레스란, 예컨대 보기에도 두 어깨에 힘이 주어지고, 그립 부분에서 윗팔(上腕)에 걸쳐 힘을 주는 것이 느껴지거나, 묘하게 엉덩이를 쑥 내밀거나, 공에 구부리고 있는 상태를 말한다.

어드레스한 머리를 공에서 우측으로 두고, 왼손은 곧장 뻗치며, 오른손은 조금 굽히고, 팔꿈치가 옆구리에 닿도록 한다. 체중은 두 발의 안쪽에 얹는다.

어깨의
폭과 같다.

스탠스는, 오른발이 이처럼 목표
방향에 대해 직각이 되는 정도가
좋다. 백 스윙에서 왼쪽으로부터
비틀기를 꽉 받아내는 것이다. 이
것으로 하나의 '힘'이 생긴다.

한편 왼발은, 발끝을 약간 열고 자세를 취함으로
써, 폴로에서 피니시에 걸쳐 크럽의 「빠져서 나가
기가 좋아지는 것과 동시에, 몸도 잘 돌아가도록
된다.

중요한 '자연스런 느낌'

클럽 헤드가 충분히 휘둘러지는 어드레스라고 하는 것은 자연스러운 느낌이 아니면 안 된다. 그러면, 어떤 것이 자연스러운 느낌이냐 하면 상체를 가볍게 앞으로 구부리고 두 무릎을 약간 접은 자세를 취한 느낌이다. 두 발의 너비는 어깨의 너비 정도가 된다. 이리하여 드라이버를 가지고 가볍고, 느릿한 타이밍으로 휘둘러 본다. 두 팔로 클럽 헤드를 기분 좋게 휘두를 수 있도록 어드레스에서 '품'을 만들어 주는 기분이 있으면 더욱 좋다.

'품'을 깊게 만들면, 클럽이 휘둘러져서 빠지기 쉬워진다.

    이렇게 품이 있는 자연스러운 어드레스를 행할 때 드라이버의 그립 위치가, 당신의 몸과 클럽 사이의 간격이 되고, 다시 공과 몸과의 간격도 이것으로 정해진다. 연습에서는 공이 있고 거기에서 어드레스에 들어간다. 그러나, 사실은 자연스러운 자세를 취했을 때의 간격이 공과의 올바른 간격이므로, 가능한 한 빨리 이것을 익히는 노력을 할 필요가 있다.

    상급자가 되어도, 공과 몸의 이 간격에는 망설임을 생기게 하는 적이 있고, 그런 점에서 항상 올바른 간격이 취해지도록 신중하게 체크했으면 한다.

    되풀이 말하자면, 어드레스에서는 무엇이든 지나친 극단은 금물이다. 두 어깨에서 힘을 뺀다. 상체는 가볍게 구부릴 뿐이고, 두드러진 앞 기울기 자세는 좋지 않다. 무릎도 가볍게 구부릴 정도면 된다. 무엇보다도 중요한 풋 워크를 할 수 없기 때문이다.

리듬을 만든다

그런데, 어드레스를 만드는 데도 나름 대로 리듬과 순서가 있고, 이것이 그 후의 숏에 중요한 관계가 있다는 것을 여러분은 얼마나 알고 있는 걸까?

필자도 그렇지만, 좋은 골퍼는 누구나 일정한 리듬을 가지고 있다. 단순히 가지고 있다기보다, 완고하게 지키고 있다. 집에서 골프장으로 가는 차를 운전할 때도 무턱대고 달리지 않는다. 코스에서의 몸차림, 연습, 퍼팅 그린으로의 이동, 다음의 숏까지의 걸음걸이——어느 것이나 자신의 페이스를 지키고 있다.

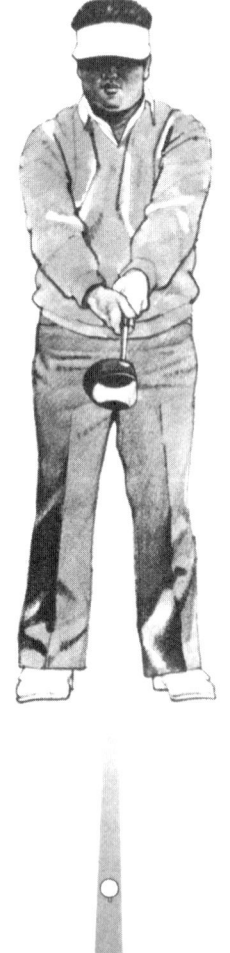

리듬이 특별하게 중요한 것은, 이 어드레스에 들어가기까지이다.

어드레스에 들어가기까지의 리듬에서 이상적인 것은 다음과 같은 순서를 취하는 일이다(드라이버 숏을 예로 든다). 먼저, 티 그라운드의 발디딜 곳의 평탄한 장소를 택하며 티업한다. 물론 티 업의 장소도 평탄하지 않으면 안 된다.

다음에 공의 뒤쪽으로 물러나 타구해야 할 목표를 정하고, 공과 목표를 잇는 선을 그린다. 그리고, 그 목표에 똑바로 클럽 페이스를 세트할 수 있도록 공에서 2미터 정도 앞에 뭔가 표적이 되는 것을 찾아낸다.

이번에는 공과 바로 마주 대하고 표적을 향해 똑바로 클럽 페이스를 세트한다. 이때 두 발은 좁은 스탠스로 릴랙스하고, 오른발은 조금 앞으로 낸다.

표적에 대해 똑바로 클럽 페이스를 세트하면서 그립을 만들어 간다. 그립을 만드는 것은 왼손, 다음에 오른손 차례이다. 여기서 조심하지 않으면 안 되는 것은 그립을 만들어가는 동안에 클럽 페이스의 위치를 바꾸지 말 것. 특히 골프를 시작하고 캐리어가 얕은 사람은 이 단계에서 어느 틈에 '자신의 느낌'이 좋은 쪽으로만 신경을 써 페이스를 덮기도 하고, 열기도 하므로 주의할 필요가 있다. 그립이 생기면 왼발이 스탠스를 만들고, 다음에 오른발 스탠스를 만든다. 그리고 더욱더 작은 제자리 걸음을 하고 완전한 스탠스를 만든다. 여기서 그립은 한 번 더 체크하고 확고히 한 뒤에 두 세 번 흔들고서 신중히 테이크 백으로 들어가는 것이다.

물론 어드레스로 들어가는 방식에는, 이것 이외에도 각자 개성적인 방법을 채용해도 무방하다. 그러나, 티 업에 들어가고, 공 뒤쪽에서의 목표 확인, 그리고 그 목표에 대해서 클럽 페이스를 똑바로 세트하고, 그립과 스탠스를 만들어가는 식의 순서는 프로의 모든 사람이 하고 있다. 그 리듬은 항상 일정해서 착오가 없다. 그것이 숏을 잘하게 하고 있다.

"프로이기 때문에 일정한 리듬을 유지할 수 있다"고 하는 것이 아니라, 자신들도 그 리듬을 빨리 습득하도록 한번 타구할 때마다 신경을 쓸 필요가 있다.

어드레스의 들어가기를 이렇게 순서를 세워 설명하자면 긴 시간이 걸릴 것 같으나, 절대로 그렇지는 않다. 시계를 보고 있으면, 1분도 걸리지 않고 할 수 있을 것이다.

●　　　●　　　●　　　●　　　●

골프에서 스윙하는 동안은 어느 부분 어느 과정에 있어서도 힘이 주어져 있으면

쇼트 아이언　　　　　　　　　　　미들 아이언

안 된다. 특히 최초의 어드레스에서
힘을 주는 것은 절대로 삼가지 않으
면 안 된다. 그리고 지금까지 설명
한 바와 같이 일정한 리듬을 유지하
고 어드레스에 들어가는 사람은, 어
드레스에서 힘을 주는 것도 느끼지
못한다. 그러나, 다만 타구하는 것에
만 마음이 쓰여 리듬이 모자란 사람
에게는 반드시 힘을 주게 된다.

페어 웨이 우드

31

공의 위치

1 공의 위치

공의 위치는 드라이버에서 숏 아이언까지 왼쪽 발뒤꿈치의 선상(線上)에 놓는다. 드라이버나 스푼의 숏에서 이것은 골퍼의 머리 속에 분명히 그려져 있다. 그러나 아이언의 5번 이하 6, 7, 8번이 되면 공을 오른발에 접근시키지 않으면 안 된다고 생각하는 사람이 많고, 어쩐지 공의 위치에 대한 감각이 모호해지게 된다.

확실히 아이언의 번호가 커짐에 따라 공은 오른발에 다가서게 된다. 다만, 이것은 클럽이 짧아짐에 따라 스탠스의 너비가 좁아지고, 동시에 왼발이 오른발보다 약간 처진 오픈 스탠스가 되기 때문에 공을 왼발 발뒤꿈치와의 선상에 놓아도 자연히 오른발로 다가서고 마는 것이다. 간단히 말해서 30미터 정도의 어프로치(접근)이면 스탠스는 극단으로 좁혀지고, 왼발 발뒤꿈치의 선상에 공을 놓아도, 오른발 발뒤꿈치의 선상에 있는 것같이 보인다.

어쨌든 공의 위치는 왼발 발뒤꿈치의 선상으로 정리하고 기억해 두면 혼란도 생기지 않을 것이다.

공의 위치

드라이버
스푼
아이언 3번
아이언 5번
아이언 7번
아이언 9번
피칭

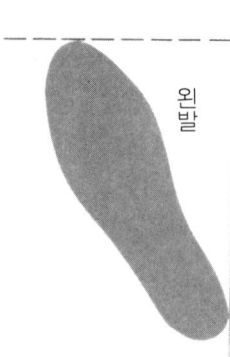

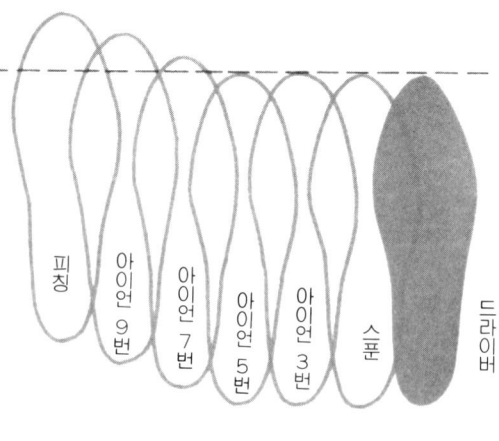

왼발

오른발

피칭
아이언 9번
아이언 7번
아이언 5번
아이언 3번
스푼
드라이버

2 스탠스

스탠스에는 오픈 스탠스, 스퀘어 스탠스, 클로즈드 스탠스의 세 종류가 있다. 그러나, 채용하는 것은 스퀘어 스탠스이다. 그리고 클럽이 짧아짐에 따라, 스탠스의 너비가 어깨의 너비보다 차츰 좁아지고, 왼발이 오른발보다 처진 오픈 스탠스가 된다는 식으로 기억해 주기 바란다. 드라이버나 스푼의 숏에서는 어깨 너비의 넓이라도 9번 아이언이 되면, 그보다 좁아지는 것은 당연하다.

스탠스에서 문제인 것은 오른발이다. 비구선(飛球線)에 대해서 직각으로 놓을 것. 벌리더라도, 아주 약간만 벌리도록 해야 한다. 이렇게 하면 백 스윙에서 오른쪽 무릎이 바깥쪽으로 흐르는 일도 없어지게 된다. 반면, 왼발의 발끝은 역(逆) 八자형으로 약간 벌리고, 이쪽은 폴로 드루를 취하기 쉽게 해주는 것이 좋다.

③ 오른쪽을 보지 말라 !

이것은 매우 중요한 체크 포인트이다. 어째서 중요하냐 하면, 어드레스에서 오른쪽 방향을 향하고 있는 것을 깨닫고 있는 골퍼는 전혀 없다고 할 수 있기 때문이다. 이것을 깨닫게 되면 누구든지 올바른 위치로 준비 자세를 바로잡을 것이다. 자신은 오른쪽을 향하고 있는 것을 모르기 때문에 이것은 중요한 문제라고 할 수 있는 것이다. 싱글이 되면 역시 거의 없으나, 핸디10~30 대를 평균하면 80%가 정도의 차이는 있으나 오른쪽을 향한 어드레스를 하고 있다.

그러면 어째서 오른쪽을 향해 버리는 것인가. 자신은 비구(飛球) 방향에 스퀘어로 어드레스하고 있는 것으로 생각하고 있는데도 어째서 오른쪽을 향해 버리는 것인가. 이것에는 몇 가지 요소를 생각할 수 있다.

1 공이 안으로 지나치게 들어간다. 2 최초의 아웃사이드 인의 궤도가 바로잡혀지지 않아 슬라이스를 멈추려고 자연히 오른쪽을 향한다. 3 왼쪽 어깨를 펴기 위해, 보완하는 의미로 오른쪽을 향한다.

숏의 좋고 나쁨은 말할 것도 없이 중요하나, 그 전에 신체의 방향을 체크하는 일도 필요하다. 아마추어는, 특히 '오른쪽 향하기'가 많다.

34

이러한 요소가 조금씩 쌓이게 되면 어느새 오른쪽으로 향하는 어드레스가 완성되어 버린다. 그런데, 어드레스에서 오른쪽을 향하고 있다고 해서, 몸 전체가 오른쪽을 향하고 있느냐 하면 그렇지는 않다. 여기에도 있는 것처럼 왼쪽 어깨가 벌려져 있다. 즉, 80%의 아마추어 골퍼의 어드레스가 이것이다. 오른쪽 향하기, 왼쪽 어깨는 벌려져 있다——고 하는 기묘한 형이다.

이 기묘한 어드레스야말로, 실은 당신의 어드레스라고 생각해도 그다지 어긋나는 것은 아니다. 이 어드레스에서 어떤 궤도의 스윙이 되느냐 하는 것은 쉽게 상상할 수 있다. 왼쪽 어깨가 열려 있으므로 백 스윙에서 어깨는 돌아가지 않고 아웃사이드 인의 궤도가 된다. 억지로 왼쪽 어깨를 돌리려 하면 테이크 백에서 클럽을 급격히 인사이드로 끌어당기게 되고, 8자를 그리며 역시 아웃사이드 인의 궤도가 된다.

이런 부자연스런 어드레스를 없애기 위해서는 공과 목표를 잇는 선과 왼쪽 어깨의 선이 선로처럼 '평행선'을 그리는 이미지를 가지고 어드레스할 것. 또 어드레스 전에 반드시 홀의 뒤쪽에서 목표를 확인하고, 목표에 똑바로 클럽 페이스를 세트하며, 그 페이스를 허물지 않도록 어드레스하는 것이다. 왼쪽 어깨는 어드레스에서 열고 있지 않으면 백 스윙에서 돌아가기 쉽게 아웃사이드 인의 궤도가 되기 힘들다.

몸의 방향이 올바른지에 대해서 체크하는 것은 연습장에서도 할 수 있으나, 코스 쪽이 더 좋다. 플레이를 지연시키지 않도록, 앞에 사용하고 있는 홀에서 친구에게 보아주도록 하는 것이 좋다.

두 발을 세트하는 목표

페이스를
세트하는
목표

a

페이스는 똑바로 목표 방향
으로 세트되어 있는가. 몸의 방
향은 그 클럽 페이스가 노리고
있는 목표 방향과 평행이 되어
있는가. 이것을 체크하는 것은
아마추어에게서 특별히 요구된
다. 체크를 한다기보다 "자신을
똑바른 방향으로 향하고 있는
것이 아니지 않는가"하고, 의
문을 가져보는 정도의 마음이
필요하다.

클럽 페이스를 목표로
세트할 때에 주의 해야
하는 것은, 두 발의 라
인을 어디에 세트하느냐
하는 일이다. 아마추어
가 자주 범하게 되는 잘
못은, 페이스를 세트한
목표에 두 발의 라인도
세트해 버리는 일이다.
이것이면 결과적으로 오
른쪽을 향해 버리는 것
이 된다.

A와 a는 똑같은 너비

A

목표〔두 발의
라인을 세트한다〕

목표〔클럽 페이스를
세트한다〕

어드레스에서 중요한 것은, 공의 뒤쪽으로 서서 타구해야 할 방향을 정한 뒤, 그 방향을 향해, 클럽 페이스를 똑바로 세트 하는 일이다. 그리고 이 페이스의 방향은 그립을 만들고, 스탠스를 굳히는 동안에도 어긋나게 해서는 안 된다.

이것으로 공과 목표(타구 방향)를 잇는 선이 완성된다. 이 선을 확정하고 이것과 평행이 되도록 몸을 세트시킨다.

백 스윙

공을 치는 태세를 갖추고 나면, 마침내 공을 치는 동작으로 들어 간다. 되풀이하지만 그립이건, 어드레스건, 힘을 주어서는 안 된다. 착실히 할 곳이 있다고 한다면, 그것은 왼손의 그립 뿐이다.

팜 그립이 되세 하고 손바닥으로 샤프트를 감싸고, 새끼손가락으로 꽉 잡는 것이다. 오른손의 그립은 가볍게 샤프트에 곁들이는 것만 으로도 된다.

그 왼손도 역시 그립은 꽉 잡는데, 무릎까지 힘을 줄 필요는 없다. 왼팔이 어드레스에 쑥 뻗친 채, 스윙을 하는 동안, 딱딱한 떡깔나무 처럼 뻗치고 있다면 요긴한 클럽 헤드를 휘두르지 못한다.

모든 근육이 가벼운 긴장을 느껴 힘을 빼고 있는 것 같은 상태가 백 스윙에 들어가기 전에는 필요한 것이다.

30cm까지 곧장 끌어당긴

왼쪽 어깨에서 시작한다

그러면 백 스윙은 어디서부터 시작하는가. 왼쪽 어깨부터 돌아가는 것이 가장 좋다. 누군가에게 왼쪽 어깨를 조금 밀린 느낌을 스타트로 하고 왼쪽 어깨의 회전을 시작하는 것이다.

왼쪽 어깨에서 테이크 백하고, 그립의 위치가 오른쪽 귀의 높이에 오기까지 왼쪽 사이드를 돌리면 좋다.

 왼쪽 어깨에서 테이크 백하면, 우선 스윙의 리듬이 느긋하게 된다. 이대로 조용히 테이크 백하고, 그립의 위치가 오른쪽 귀의 높이에 오기까지 왼쪽 사이드를 돌리면 된다. 왼쪽 어깨에서부터 시작한 회전은 어깨의 움직임에 따라 왼쪽 허리도 돌아가고, 왼쪽 무릎도 오른쪽 무릎 쪽으로 들어간다. 그리고, 왼쪽 발뒤꿈치도 들리고 전체적으로 오른쪽에 체중이 옮겨간다. 이때, 오른쪽 사이드에서 왼쪽 사이드의 회전을 받아낸다. 특히 오른쪽 무릎의 안쪽은 어드레스의 위치인 채 왼쪽 사이드의 회전을 받아낸다. 숏에 필요한 '힘'이 만들어진다.

 이렇게 되면 뜻대로 된 것으로, 뒤는 그 비틀기를 되돌리는 것만으로도 된다.

 백 스윙을 어디서부터 시작하면 좋은가에 대해서는, 각 프로가 나름대로 여러 가지로 설명하고 있다. 그 어느 것이나, 자신에 맞는 필링이기 때문에, 그것 자체는 올바른 것이다. 다만, 아마추어는 왼쪽 어깨에서부터 시작하는 쪽이 낫다.

 왼쪽에서부터 돌아가게 하면 스윙의 시작이 느긋한 리듬이 되고, 이것은 반드시 좋은 결과로 이어진다.

어째서 돌아가지 않는가

　다른 사람의 스윙을 보고, 자기 스윙을 바로잡으라고 하는데, 백 스윙에서 왼쪽 어깨가 공 쪽으로 처져 버리는 아마추어는 너무나 많다. 남의 그러한 모습을 보고, 자신은 과연 그와 똑같이 되어 있지 않은가 하고, 그만 진땀을 흘리는 것이나 아닌지?

　그런데 실제에는 좀처럼 이렇게까지는 잘 되지 않는 것이 골프이다. 어째서 잘 되지 않는가. 그것은 왼쪽 어깨로부터 테이크 백한다는 의식이 있어도, 실제에는 왼쪽 어깨가 돌아가지 않기 때문이다. 아니, 당신 자신이 그런 것처럼 연습장에서의 일타 일타에서 왼쪽 어깨를 충분히 돌려 타구하고 있다는 생각을 하는 골퍼는 많다. 그런데, 잘 보면 돌아가고 있지 않다.

　분명한 모순이다. 예컨대 이 책에서, 당신은 바로 이 항목을 훑어보고 있다. "무슨 일이든 망설이게 되면 원점으로 되돌아가라"——는 것은 아니지만, 당신은 다시 백 스윙을 왼쪽 어깨에서 느긋하게 개시하려고 마음먹었다고 하자.

　이것은 필자에게 있어서도 고마운 일이지만, 그런데 일요일에 당신이 그런 생각으로 연습장에 갔으며, 멋지게 왼쪽 어깨부터 테이크 백에 들어가 좋은 숏을 칠 수 있느냐에 대해서는 반반의 확률 밖에 없다. 필자가 말하고 있는 것은 옳고, 그것을 하려고 결심한 당신도 틀린 것은 아니다. 그전에도 좋은 숏을 칠 수 있는지에 대한 확률이 50%밖에 없다고 하는 것은 왼쪽 어깨를 돌리는 방식이 좋지 않기 때문이다.

　그러면, 어떻게 나빠지고 있는 것인가.

　왼쪽 어깨가 반도 돌아가지 않고 있는 것이다.

어째서 왼쪽 어깨가 반밖에 돌아가지 않은 것인가.

왼쪽 어깨를 돌리는 '궤도'가 어긋나 있기 때문이다.

왼쪽 어깨의 궤도가 어긋난다는 것은, 왼쪽 어깨가 공 쪽으로 처져 버리는 것을 말한다. 게다가 궤도가 어긋나는 사람은 왼쪽 어깨가 공 쪽으로 처져 버리는 것과 동시에 왼쪽 무릎도 앞으로 나가 버린다. 왼쪽 무릎은 오른쪽 무릎으로 다가서 있지 않으면 안 되는 데도, 공 쪽으로 깊이 들어간다. 이렇게 되면 왼쪽 어깨가 처지는 상태는 더욱 심해지게 된다.

이렇게 되고 보면 공을 몸의 상하의 움직임으로 치는 것이 된다. 백 스윙에서 상체를 떨어뜨리면서 클럽을 올린다. 다운 스윙에서는 반대로 몸을 뻗쳐 올리면서 공을 떠올린다. 임팩트에서는 좌우의 발뒤꿈치가 완전히 들려지고 만다.

체중의 이동은 백 스윙에서 오른쪽 다운 스윙에서 임팩트, 그리고 폴로 드루로 진행함에 따라 왼쪽으로 옮아간다. 그것이, 백 스윙에서 왼발에 얹히고(왼쪽 어깨가 처지기 때문에), 다운 스윙에서 임팩트에 걸쳐 오른쪽으로 온다. 임팩트 직후에는 견디지 못해 왼발을 뒤로 끌어 당긴다.

이처럼 극단적이면 자신은 왼쪽 어깨가 돌아가 있지 않다. 올바른 왼쪽 어깨의 회전을 하지 않고 있다는 것에 간단히 생각이 미쳐야 하나, 전혀 깨닫지 못한다. 그러나, 무리도 아닌 것이 본인은 무엇이 왼쪽 어깨를 돌리는 방식인지, 프로의 폼은 본 적이 있어도, 자기로서는 한 번도 경험한 적이 없으니 어쩔 도리가 없다.

테이크 백을 크게

그러면 왼쪽 어깨는 어떻게 하면 올바르게 돌릴 수 있는가.

좋은 방법은 옆으로 크게 테이크 백하는 일이다. 톱 오브 스윙의 위치는 다음장(章)에서 상술하겠지만, 오른쪽 귀의 높이에 그립이 오는 것이 가장 적절하고, 그것도 오른쪽 귀에서 멀리 떨어져 있는 쪽이 '원호(圓弧)'가 커서 좋다.

이 톱의 위치를 노리고 옆으로 크게 왼쪽 어깨를 회전시키는 것이다. 이 때 왼쪽 어깨를 돌리고 왼쪽 어깨는 바로 아래로 떨어질 것 같은 위험에 처하게 된다. 그러나, 이 함정에 빠지지 말고 옆으로 크게 테이크 백하는 것이다. 옆으로 크게 테이크한다고 해도, 그립의 위치는 오른쪽 귀의 높이로 되는 것이니 절대로 힘

을 주고 할 필요는 없다. 그런데, 왼쪽 어깨가 공 쪽으로 처진 백 스윙에 비해, 옆으로 수평이 되게 크게 취한 백 스윙은 공을 보는 감각에 큰 차이가 생긴다. 전자에 비해서 후자의 경우, 공이 아주 멀어진 것같이 느껴지는 것이다.

어드레스에서는 몸 가까이 있던 공이 이처럼 똑바로 테이크 백하면 멀리 느껴진다. 그래서, 그만 걱정이 되어 또 어깨가 처지는 본래의 스윙으로 되돌아가게 된다. 여기서 그것을 참고, 그대로 계속 타구할 수 있도록 하고 싶은데, 가능할 것일까?

공이 멀리 느껴지는 올바른 백 스윙을 개중에는——

"몸이 스웨이(흔들거림)한다."라고 멋대로 판단하며, 똑같이 왼쪽 어깨가 처지는 원래의 백 스윙으로 되돌려 버리는 예도 적지 않다. 하지만 이것이 과연 스웨이라고 할 수 있겠는가. 예컨대 이 시점에서 오른발의 발끝이 크게 역(逆) 八자로 벌려지고 오른쪽 무릎이 흐르고 있으면 스웨이라고 할 수 있다.

하지만, 어드레스에서 오른발의 발끝을 비구(飛球) 방향에 직각으로 놓든지, 아주 조금 옆 정도로 하고, 오른쪽 무릎의 안쪽에서 왼쪽 사이드의 회전을

어드레스에서 클럽 페이스를 30센티 정도는 곧장 끌어당기고, 가급적 큰 원호(圓弧)를 그리도록 한다. 다만, 오른발의 안쪽에서 체중을 확실히 받아 내도록 힘쓰기 바란다.

반아내도록 하고 있으면, 본인이 걱정할 만큼 스웨이 같은 건 하지 않는다.

반대로 올바른 옆으로의 큰 테이크 백을 가능케 하기 위해서는 좀 스웨이하는 정도의 기분이 없으면 안 된다. 백 스윙에서 왼쪽 발뒤꿈치를 들어도 된다. 옆으로 크게 테이크 백하면 두 어깨가 회전하고, 그것에 따라 허리도 돌며, 왼쪽 무릎이 오른쪽 무릎 쪽으로 다가서게 된다. 왼쪽 발뒤꿈치도 들리게 된다.

다만, 여기서 틀리면 안 되는 점이 있다. 왼쪽 발뒤꿈치가 들리는 것은 무방하더라도, 그것은 왼쪽 무릎이 오른쪽 무릎에 다가선 결과가 아니고, 단지 발뒤꿈치를 들고 왼쪽 무릎을 공 쪽으로 쑥 내미는 지세를 취하면 난처하다. 이렇게 되면 왼쪽 어깨도 공 쪽으로 처진다. 왼쪽 발뒤꿈치가 들리는 것은 어디까지나 백 스윙이 순서 있게 똑바로 행하여진 결과였으면 한다.

《이 점이 문제》

왼쪽 어깨가 돌아가지 않는 많은 아마추어 골퍼에게 공통된 결점이 하나 있다. 많은 사람이 이 결점을 깨닫지 못하고 있는 것은 앞에서 언급한 대로이고, 놀랄 수밖에 없는 일이다. 그것은 어드레스에서의 결점이다. 어드레스에 결점이 있으니, 백 스윙에서 왼쪽 어깨를 돌리려고 해도 돌아가지 않는 것이다. 아니, 돌아가 주지 않는다고 하는 쪽이 옳다. 어드레스했을 때 목표에 대해 왼쪽 어깨가 열려 있는 것이, 그 공통된 결점이다. 아마추어 골퍼의 80%가 코스에서 목표에 대해 오른쪽 향하기의 스탠스를 취하고 있다

는 것은 어드레스의 장(章)에서 지적한 바 있다. 그리고, 방향은 오른쪽을 향하면서 왼쪽 어깨는 열려 있는 것도 언급했다. 목표에 대해서 어드레스에서 왼쪽 어깨가 열려 있으면, 막상 백 스윙에 들어갔을 때 어떻게 되는가.

열려 있는 것 만큼 어깨를 돌려도 반 정도의 곳에서 멈춰버린다. 가령 왼쪽 어깨가 돌아가는 율이 같다고 하자. 왼쪽 어깨가 열리고 돌렸을 경우와 왼쪽 어깨가 목표에 스퀘어가 되어 있고 돌렸을 경우에는 결과적으로 후자 쪽이 왼쪽 어깨는 전자보다 깊숙히 들어가 있는 것이 된다. 즉, 똑같이 돌아가는 율에서도 어드레스의 옳음과 그름에 따라 잘 돌아가 있는지의 여부를 가름하게 되는 것이다. 왼쪽 어깨를 열지 않고 어드레스하기 위해서는 연습장에서 체크하는 일이 중요하다. 예컨대, 드라이버를 두 손으로 가슴 앞에 목표와 평행이 되게 가로지르고 가져본다. 이대로 어드레스할 수 있으면 왼쪽 어깨는 펴지 않고 백

스윙도 옆으로 깊숙히 취하기 쉽다.

　왼쪽 어깨를 벌리는 어드레스는 드라이버의 앞쪽이 왼쪽으로 향한다. 스윙 자체도 아웃사이드 인이 되는 것이 쉽게 상상된다. 프로가 의식하고 페이드 볼(왼쪽에서 오른쪽으로 느릿하게 굽어지는 공)을 치는 것이라면 몰라도(프로의 경우는 그래도 어깨는 충분히 돌아간다) 아마추어 골퍼는 왼쪽 어깨를 열어 놓은 어드레스에서는 항상 조심해야 한다.

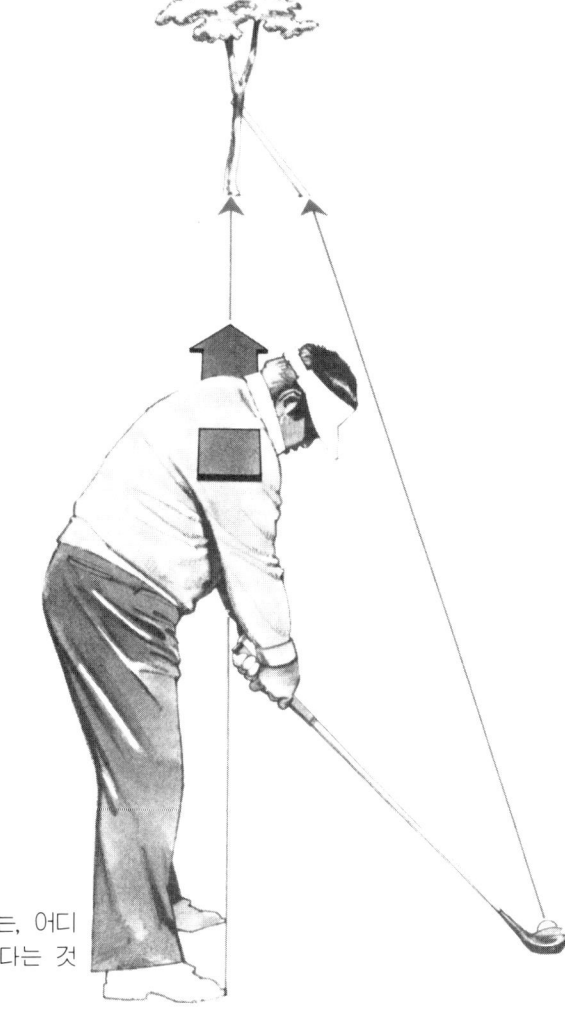

　／왼쪽 어깨는, 백 스윙에서는 지금까지 있었던 오른쪽 어깨의 위치에 오는 것이니, 이것은 상당히 돌리지 않으면 안 된다. 여기서도 어드레스와의 밀접한 관계가 클로즈업된다.

　／두 발의 라인과 공의 위치는, 어디까지나 항상 평행선 위에 있다는 것을 잊어서는 안 된다.

톱 오브 스윙

아마추어 골퍼의 톱이 안정되어 있지 않은 것은 이상할 것이 없다. 어드레스가 좋지 않거나, 백 스윙에서 오른손에 힘을 주거나 하기 때문에 톱의 위치도 곁에서 보고 조마조마할 정도로 나쁘다.

따라서, 아마추어의 숏은 상상할 수 없는 다양성이 있는 것이 된다. 다채롭다고 하면 이처럼 다채로운 숏도 없다. 그러나, 이 다채로운 숏을 없애고 일정한 숏으로 하기 위해서는 톱의 위치, 형 등을 즉시 올바른 것으로 시정하지 않으면 안 된다.

그러면 톱의 위치란, 그리고 도대체 올바른 톱이란 어떤 상태를 가리키는 것인가. 먼저 톱의 위치인데, 이것은 간단히 생각하는 쪽이 낫다. 오른쪽 귀 옆이든지, 그보다 아주 조금 높을 정도이다. 우선 오른쪽 귀의 높이로 충분하다.

자기에게는 보이지 않기 때문에 알기 힘들다면 다음과 같이 하면 좋다고 생각한다. 클럽을 하나 가지고 그립한다. 그 그립을 가슴 높이로 올린다. 물론, 클럽도 같이 올린다. 가슴 앞에서 클럽이 쑥 튀어나오도록 되어 있다. 그 상태에서 손목을 굽힌다. 그러면 클럽이 선다. 이 상태에서 어깨를 오른쪽으로 돌린다. 왼쪽 어깨가 90도 돌아간 곳이 톱의 위치가 된다. 이런 순서를 밟으면 잘 알겠지만 톱의 위치는 몸에서 멀리 떨어져 있는 쪽이 낫다. 원호도 크고, 타력(打力)은 이것으로 충분히 생긴다. 톱이 너무 높으면 낭비 이외의 아무 것도 아니다. 공을 옆으로부터 타구해 오는 것이니, 필요 이상으로 높이 하지 않아도 된다.

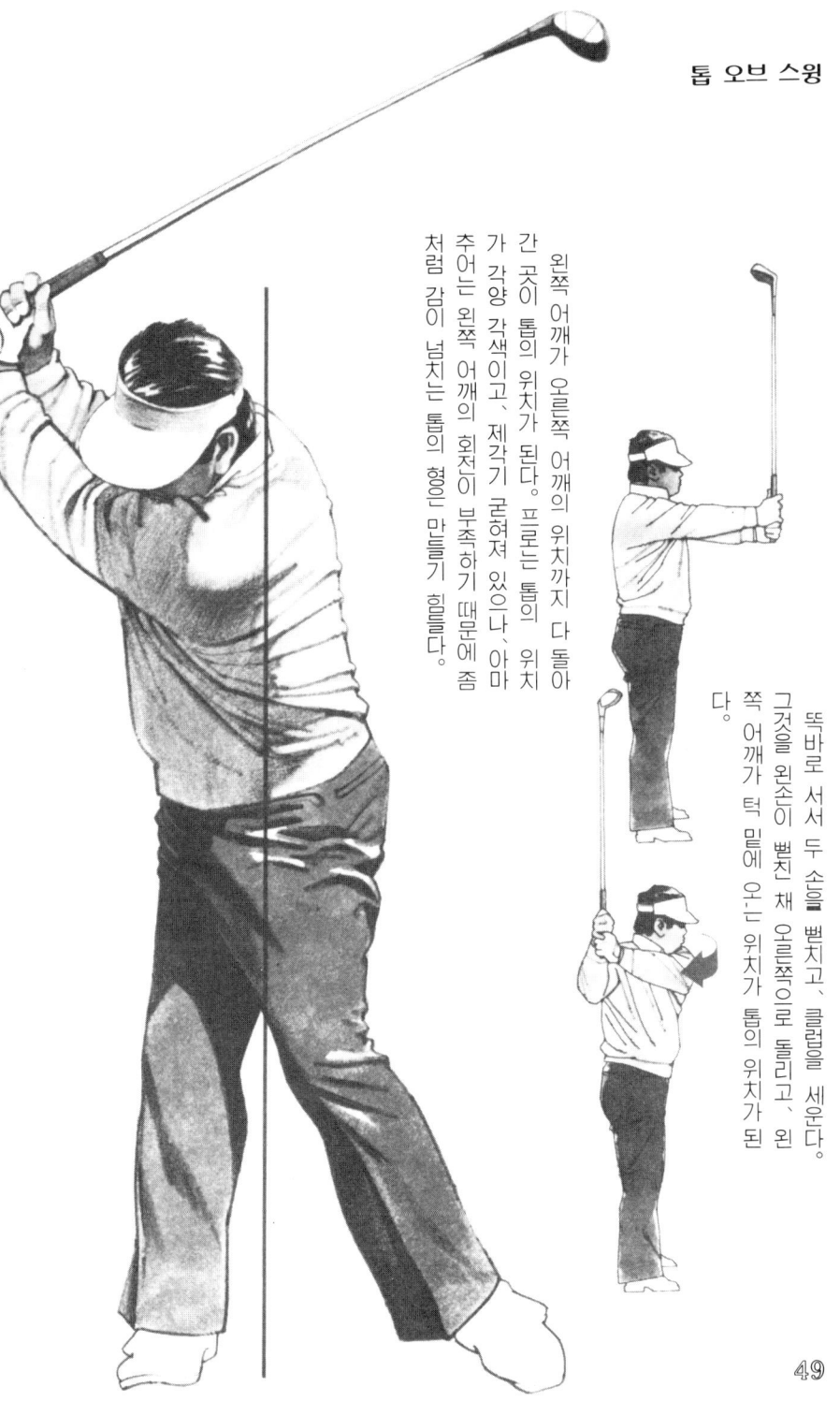

왼쪽 어깨가 오른쪽 어깨의 위치까지 다 돌아
간 곳이 톱의 위치가 된다. 프로는 톱의 위치
가 각양 각색이고, 제각기 굳혀져 있으나, 아마
추어는 왼쪽 어깨의 회전이 부족하기 때문에 좀
처럼 감이 넘치는 톱의 형은 만들기 힘들다.

뚝바로 서서 두 손을 뻗치고, 클럽을 세운다.
그것을 왼손이 뻗친 채 오른쪽으로 돌리고, 왼
쪽 어깨가 턱 밑에 오는 위치가 톱의 위치가 된
다.

오른쪽 귀의 높이로 세트

　그런데, 톱의 위치를 오른쪽 귀의 높이에 세트하려고 노력했는데도 조금도 좋은 숏이 나오지 않는 케이스가 아마추어 골퍼에게는 있다.

　가르쳐 준 대로 하고 있는데도, 어째서 자기만 치지 못하는 것일까 하고 고개를 갸웃거린다. 프로는 오른쪽 귀 높이의 톱(top)으로 굉장한 공을 치고 있는 데도, 역시 자신에게는 뭔가 부족한 것이다——하는 생각에서 한탄하고, 또 자기도 모르는 사이에 익숙해진 타법(打法)으로 되돌아가 버린다. 그 이유는 분명하다. 오른쪽 귀 높이의 위치를 손만의 백 스윙으로 만들려고 하기 때문이다. 손만으로 클럽을 올리고 오른쪽 귀의 높이에 세트하면, 과연 느낌만은 '이것으로 되는 구나' 하고, 막연히 그렇게 된다.

　그러나 왼쪽 어깨가 어드레스 때의 그 위치에서 움직이고 있지 않다. 즉 돌아가 있지 않은 것이니, 이것은 어떤 프로가 해도 칠 수 있는게 아니다. 이런 백 스윙을 하기 때문에 왼쪽 어깨가 공 쪽으로 처져 가는 결과가 되기도 하는 것이다.

왼손에 클럽을 가지고, 왼쪽만으로 백 스윙을 해보면, 몸이 회전하는 움직임을 알기 쉽다. 왼손만으로는 백 스윙을 할 수 없기 때문에, 어깨, 허리, 무릎 등이 똑같이 움직이게 된다. 톱은 필요 이상으로 클럽을 높이 올리지 않아도 된다.

그렇지 않고, 왼쪽 어깨를 지금까지 오른쪽 어깨가 있었다고 생각되는 곳까지 크게 돌리게 되면, 그립의 위치도 오른쪽 귀의 높이에, 그리고 왼쪽 어깨도 90° 돌아간 올바른 톱을 확보할 수 있다. 무엇보다도 왼쪽 어깨를 마음껏 돌리기 때문에 몸에서 멀리 떨어진 곳에 톱이 자리잡게 되는 것이다.

이렇게 보면, 아마추어 골퍼의 톱 위치가 '나빴던' 원인을 어느 정도 알 수 있게 된다. 톱에서 그립의 위치가 몸에 가까운 경우에는 왼쪽 어깨가 90° 돌아가 있지않다는 것이 된다. 또, 톱이 너무 높은 나머지 다운 스윙에서 오른쪽 어깨가 덮치게 되는 골퍼가 있다. 아웃사이드 인의 궤도를 그리는 근본이 되기 때문에 드라이버는 슬라이스에 아이언은 걸치기가 되기 쉽다.

다음에 톱의 그립 위치가 얼굴의 뒤쪽 부위로 들어가고, 사진 같은 것을 찍으면, 얼굴의 반이 가려지기도 하는 골퍼도 적지 않다. 이것은 테이크 백하는 데에 오른손을 강하게 놀려서 하기 때문(본인은 그럴 마음이 없지만)이고, 클럽을 너무 지나치게 인사이드로 끌어당기기 때문에 생기는 결점이다. 그리고, 이런 경우에도 왼쪽 어깨의 회전은 부족하다.

왼쪽 어깨를 공의 우측까지 돌려 주면, 체중도 오른쪽으로 옮겨진다. 이것을 받아내는 것은 오른발의 안쪽이다. 오른발이 어드레스 때와 같은 각도를 유지하면 최고다.

51

왼쪽 손목을 굽히지 않는다

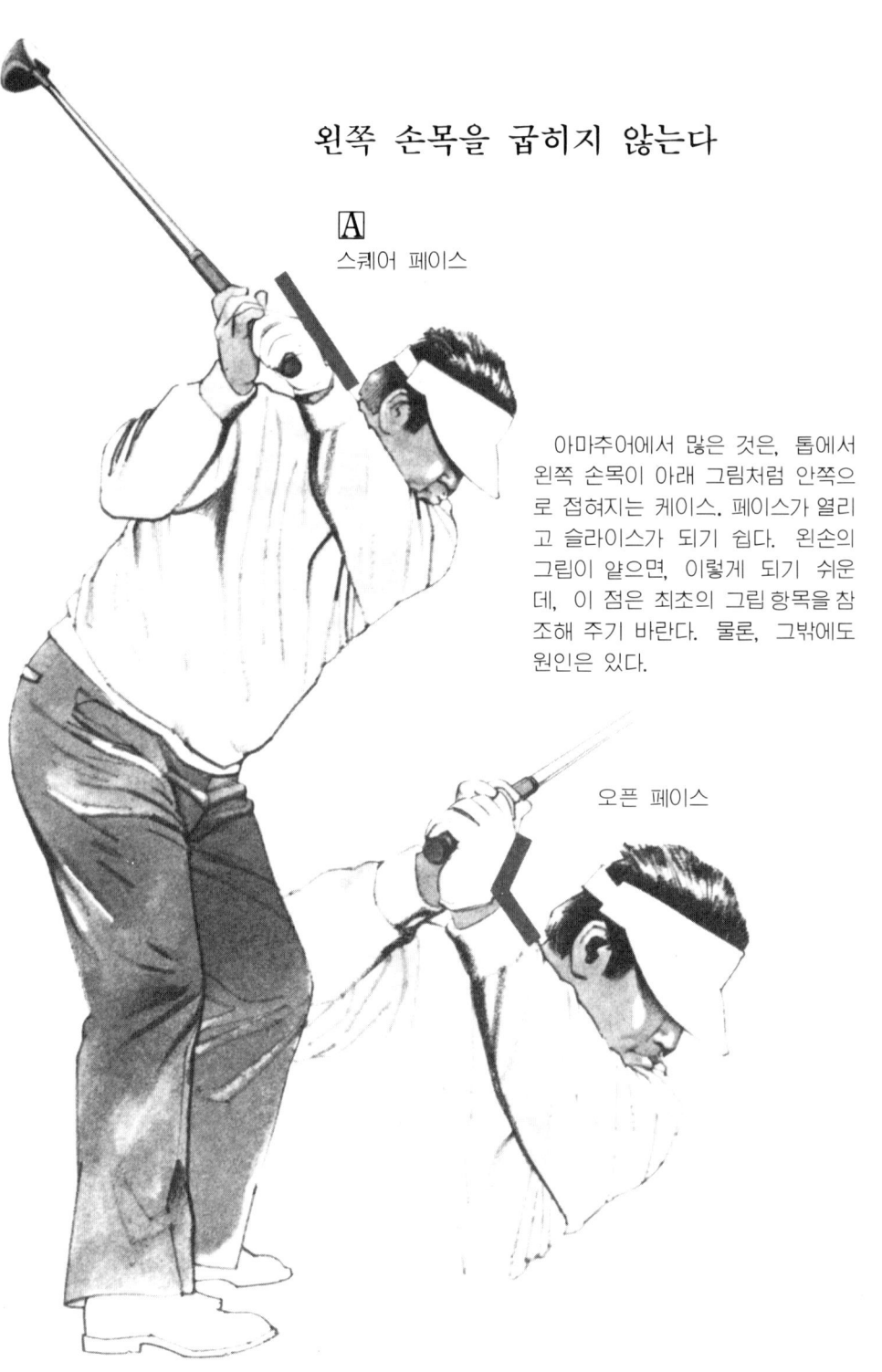

Ⓐ
스퀘어 페이스

아마추어에서 많은 것은, 톱에서 왼쪽 손목이 아래 그림처럼 안쪽으로 접혀지는 케이스. 페이스가 열리고 슬라이스가 되기 쉽다. 왼손의 그립이 얕으면, 이렇게 되기 쉬운데, 이 점은 최초의 그립 항목을 참조해 주기 바란다. 물론, 그밖에도 원인은 있다.

오픈 페이스

그런데 올바른 톱이란 그림 A에 있는 것 같은 상태를 말한다. 여기서는 오버 스윙과는 거의 먼 상태가 되고 있다는 것을 알아야 한다. 클럽은 지면과 수평으로까지도 들어가 있지 않다. 그보다는 좀 일어선 듯한 느낌이다. 이것으로 얼마든지 펀치 있는 공을 칠 수 있다.

이런 이상적 톱에 비하면 아마추어 골퍼의 톱은 클럽이 지면과 수평이 되기는 커녕 그보다도 클럽 헤드가 처져 있을 적이 많다. 즉, 오버 스윙이다.

20대의 몸이 휘는 것같은 골퍼가 이런 상태로 되어 있어도, 그것은 젊음으로 인한 부드러움이고 문제는 없다. 임팩트를 바른 자세에서 맞이할 수 있는 부드러움이 있기 때문이다. 그러나, 태반은 그렇지 못하다.

클럽이 처져서, 공과 목표를 잇는 선에 교차해 버린다. 이것이 곤란하다. 톱에서 클럽이 오버 스윙이 되고, 비구선(飛球線)과 교차하는 것은 왼쪽 손목이 손등 쪽으로 굽어지기 때문이다. 왼쪽 손목이 손등 쪽으로 접혀지면, 페이스는 오픈이 되고 슬라이스가 생긴다. 반대로 손바닥 쪽으로 접히면 셔트가 되고 혹이 생긴다. 아마추어 골퍼는 손바닥 쪽으로 접히는 사람은 적고, 태반이 왼쪽 손등 쪽으로 접히고 있다. 즉 슬라이스가 속출하게 되는 것이다.

개중에는 캐리어를 쌓는데 따라 지혜도 생겨나, 왼쪽 손목을 손등 쪽으로 접는 식의 톱은 시정되지 않았는데도 임팩트만 조절하려고 하며, 결과로서 슬라이스 대신에 걸치기 공을 치는 사람도 있다.

아무튼 이 결점은 절대로 시정하지 않으면 안 된다. 교정법은 첫째로 그립에 있다. 왼손의 그립이 얕으면, 거의 틀림없이 톱에서 왼쪽 손목은 손등 쪽으로 접혀진다. 왼손의 엄지손가락을 샤프트의 약간 오른쪽으로 비껴 놓고, 왼손 외 집게 손가락과 중지 사이의 V자가 오른쪽 어깨를 가리키는 것 같은 그립을 하면, 왼쪽 손목은 손등 쪽으로 접혀지기 힘들게 된다. 즉 왼손의 그립을 '덮어 씌운'

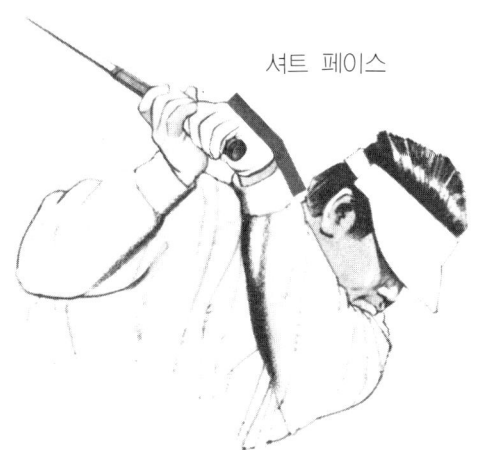

셔트 페이스

상태가 되게 하고, 백 스윙에서는 항상 샤프트가 엄지손가락 위에 얹히도록 주의하는 것이다. 그래서, 톱에서 왼쪽 손목은 엄지손가락 쪽으로 접혀진다. 이것이 이른바 자연스러운 올바른 코크의 상태이기도 하다.

올바른 톱은 ?

목표 : 등은 목표를 향하도록 한다.

그런데, 여기서 톱 오브 스윙을 뒤쪽에서 보기로 하자. 이 위치에서 보면 지금까지 언급한 여러 가지 점을 분명히 알 수 있게 된다.

무엇보다도 왼쪽 어깨가 잘 돌아가 있다. 정면에서 본 느낌보다도 이 각도에서 본 쪽이 왼쪽 어깨가 잘 돌아가 있음을 알 수 있다. 왼쪽 어깨가 돌아가 있으니 등이 보이지 않는다. 등은 어디를 향하고 있느냐 하면 목표 방향을 향하고 있다.

**톱 오브 스윙을
뒤쪽에서 보면 ……**

왼쪽 어깨가 돌아가면 동시에 그것에 끌려서 허리가 돌아가고, 이어서 왼쪽 무릎이 오른쪽 무릎에 다가서고 왼발의 발뒤꿈치가 들리게 된다. 체중이 오른발에 얹히고, 다음 순간 이 체중이 왼발로 옮겨지고 공을 날려가는 것 같은 느낌을 잘 엿볼 수 있게 된다. 여기까지 왼쪽 어깨를 크게 돌리게 되면, 아마추어 골퍼는 공이 아주 멀리 느껴지겠지만 앞의 장(章)의 백 스윙에서 지적한 대로 이것이 정상이라고 생각하고 싶다.

글럽은 지면과 수평이 되기 전에 이미 멈춰져 있다. 이것은 왼쪽 어깨가 잘 돌아가고 있어서 여기서 멈출 수 있는 것이고, 수평보다 밑으로 처지는 골퍼는 어깨의 회전이 모자라 손만으로 클럽을 올리고 있다. 어깨가 잘 돌아가기 때문에 오버 스윙도 되지 않는 것이다. 다만 오른쪽 무릎은 절대로 흐르지 않도록 조심해야 한다. 이상, 이것이 정말로 낭비 없는 스윙, 낭비 없는 톱의 형이다.

톱에서 두 손은 몸에서 가급적 멀리 있는 것이 바람직하다. 클럽이 그리는 원호(圓弧)가 커지고, 무엇보다 낭비가 없어진다. 백 스윙의 시초에서 오른쪽 손목에 너무 힘이 주어지면, 그것도 안 된다. 스피드 볼을 던지는 투수는, 절대로 힘을 주고서 공을 쥐지 않는다.

《이 점이 문제》

8자 스윙, 혹은 '스윙이 루프해 있다'는 말을 들은 적이 있을 것이다. 루프란 원을 그리는 것으로 8자 스윙과 같은 뜻이다. 이런 영어가 쓰이는 것이니 미국에도 우리네 일반 아마추어와 같은 결함을 가지고 있는 골퍼가 많이 있음을 알 수 있다. 어떤 것이냐 하면 백 스윙에서 다운 스윙에 걸쳐, 톱을 갈림길로 클럽이 8자를 그리고 내려오는 것이다. 대개의 경우 백 스윙에서 클럽을 인사이드로 끌어당기고, 다운 스윙에서는 아웃사이드에서 휘둘러 온다. 이 사이에 클럽 헤드가 8자를 그리는 것이다. 완전한 슬라이스 스윙이다. 드라이버나 스푼 등, 솔(sole)이 미끄러지기 쉬운 우드는 특히 슬라이스하기 쉽다.

그러면, 어째서 톱을 갈림길로 하여 클럽 헤드가 8자를 그리며 가장 나쁜 아웃사이드에서 내려오는 형이 되는 것인가. 최대의 원인은 오른손의 그립에 있다. 오른손의 그립에 필요 이상으로 힘을 주고 그 때문에 백 스윙의 클럽을 끌어당기는 최초의 시점에서 오른손을 강하게 올리고 만다.

이 시점에서 오른손의 힘을 강화하면 그 후 오른쪽 손목이 딱딱해지고 정상적인 백 스윙을 할 수 없다. 오른손 손목이 딱딱해지기 때문에 오른쪽 무릎을

잔등 뒤쪽으로 끌어당기고 마는 것이다. 톱에서는 더욱 손목이 딱딱해지고, 그 때문에 왼쪽 손목이 밀려 왼쪽 손등 쪽으로 접혀진다. 클럽 헤드는 비구선과 교차하는 나쁜 형이 되고 페이스도 오픈이 되는 것이다. 오른쪽 손목의 딱딱함은 이 직후의 다운 스윙에도 영향을 주어 오른손을 별안간 놀라게 한다. 따라서 스윙은 아웃사이드 인이 되고 슬라이스가 생긴다.

슬라이스가 싫으면 임팩트 직전에 억지로 손목을 뒤집는다. 이 타이밍이 좋으면 나이스 숏이 되기도 하지만 본래 열었던 페이스를 똑바로 맞추려고 하는 것이기 때문에, 여간 타이밍이 좋지 않고서는 무리이다.

조금이라도 손목을 뒤집는 것이 빠르지 않으면 걸치기 공이 된다. 8자 스윙을 끌어내는 '나쁜 톱'을 바로잡자면 무조건 오른손의 그립에서 힘을 뺄 것.

오른손 그립에서 힘을 빼기 위해서는 가볍게 잡을 것, 그렇게 오른손을 샤프트에 곁들일 정도의 기분으로 그립하는 일이다. 오른손잡이의 골퍼가 오른손의 그립을 샤프트에 곁들일 정도로 가볍게 잡는다는 것은 어쩐지 믿음직스럽지 못한 것이다. 꽉 잡지 않으면 안심이 안 된다. 그 점, 왼쪽의 그립은 본래는 꽉 잡아야 하는 데도 헐렁해져도 의외로 태연하다. 그러나, 백 스윙의 최초의 시점에서 오른쪽 그립에 힘이 주어지면 모든 것이 끝장이다. 오른쪽 손목을 부드럽게 유지하기 위해서 아무쪼록 가볍게 잡지 않으면 안 된다.

스윙 전체의 목적이란 무엇인가 하면, 그것은 클럽 헤드를 '휘두르는' 일이다. 프로는 클럽 헤드가 잘 휘둘러지는데, 아마추어는 좀처럼 휘둘러지지 않는다. 이것은 단지 공이 난다든지 날지 않는다는 문제가 아니라, 클럽 헤드가 매끄럽게 휘둘러지지 않으면 스윙 자체가 성립되지 않는다는 것이다. 물론, 여러 가지 미스도 클럽 헤드가 휘둘러지지 않기 때문에 생기게 된다.

《어드레스에서 주의할 점》
● 클럽 페이스가 목표로 향해 있는가
● 어깨와 허리가 비구선과 평행이 되어 있는가

《백에서 주의할 점》
● 처음의 30센티를 비구선에 따라 곧장 끌어당기고 있는가
● 왼쪽 어깨의 회전으로 행하고 있는가

 클럽 헤드가 매끄럽고, 스피디하게 휘둘러지기 위해서 여러 가지로 스윙을 체크하고, 몸의 불필요한 움직임을 없애는 동시에 움직이지 않는 곳은 충분히 움직여 주지 않으면 안 된다. 그리고 나서 스윙의 좋은 리듬, 템포가 필요한 것이다. 그리고 그러기 위해서는 느긋하게 스윙하는 것이 중요하다.

 여러 가지 일이 걱정된다. 체크하는 포인트는 여러 가지가 있다. 여기서 설명한 톱의 위치도 물론 걱정된다. 그러나, 스윙 전체는 느긋한 것이 아니면 중요한 크럽 헤드를 휘두른다고 하는 목적은 달성되지 않는다. 체크할 곳은 산더미처럼 있어도 어디까지나 스윙은 느긋하게 해주기 바란다.

 체크 포인트는 아래에도 적은 바와 같이 여러 가지가 있다. 그러나, 어디까지나 스윙 전체를 느긋하게 하는 것을 잊지 말아야 한다. 왜냐하면, 클럽 헤드를 휘두르는 것이 목적이기 때문이다.

《톱에서 주의할 점》
● 왼쪽 어깨가 공의 우측까지 돌아가 있는가
● 오른발의 무릎이 오른쪽으로 흘르고 있지 않은가

59

백 스윙을 할 때 중요한 것은,
톱으로 클럽을 가져가기까지, 클
럽을 예리하게 휘두른다고 하는
마음가짐을 가지지 않으면 안 된
다는 것이다.

만약, 스윙에 전반과 후반이 있다고 '가정'한다면, 어드레스에서 톱까지는
전반에 해당한다. 물론 스윙에는 '여기서 한 번 구분한다'고 하는 것은 없고,
원 피스로 스무스하게 흐른다. 예컨데 톱 오브 스윙에 들어섰을 때에는 이미
하반신에서는 다운의 동작이 시작되고 있는 식이다.

그러나, 백 스윙에서 톱에 이르기까지에는 왼쪽 어깨를
충분히 돌려서 공을 친다. 즉 클럽 헤드를 예리하게 휘두
를 수 있는 태세를 만들어 놓는 마음가짐이 필요하다. 이
의식이 있으면 자연히 백 스윙에서는 좋은 리듬이 생기
게 된다.

다운 스윙

클럽이 톱의 위치에 당도했을 때, 하반신에서는 다운 스윙이 이미 개시되고 있다.

말로 나타내면 톱 오브 스윙에 이어 다운 스윙이 온다. 그러나 실제상의 스윙은 리드미컬하게 계속중이며 톱에서 끊기고, 이어서 '그러면 다운 스윙'이 되는 것은 아니다. 능숙한 사람일수록, 특히 프로의 스윙은 꼭 그렇다고 해도 좋을 만큼 톱이 정해져 있다. 따라서, 톱에서 한 번 클럽의 움직임을 정지시키거나, 혹은 스윙의 움직임을 중단시키거나 하지 않으면 안 된다고 생각하는 골퍼는 많다. 그러나 그것은 잘못이다. 하기야 아마추어 골퍼 중에는 톱의 형을 만들 틈도 없이 다운 스윙에 들어가는 사람이 두드러지고, 이 점에서 보면 한 번 몸의 움직임을 멈추고서라도 톱을 만들 필요는 있을지도 모른다.

하지만, 어째서 프로가 톱에서 한 호흡 클럽 헤드의 움직임을 정지시키고 있는 것 같이 보이느냐 하면, 그것은 클럽이 톱으로 당도했을 순간에는 이미 하반신이 다운 스윙을 개시하고 있기 때문이다. 말로는 정확히 표현할 수 없는 것 같은 미묘한 움직임인데, 아무튼 클럽이 톱에 갔을 때에는 하반신이 다운 스윙으로의 움직임을 시작하고 있다. 하반신이 다운 스윙으로의 움직임을 행하고 있는 최초에는 톱에 이른 클럽은 움직이지 않기 때문에, 프로는 톱에서 한 호흡 놓고 있는 것같이 비치는 것이다. 톱에서 한 번 쉬고, 이어 '그러면 다운 스윙' 하고 스윙을 나누고 있는 것이 아니라, 스윙의 흐름이 상반신에서 하반신의 움식임으로 바뀌었기 때문에, 거기에 한 순간의 사이가 생긴 것이다. 이 점은 충분히 이해하고 있을 필요가 있다.

클럽을 샤프(날카롭게) 하게 휘두르기 위해서는, 매끄러운 다운 스윙이 요구된다. 톱에서 별안간 타구하는 것은 아마추어의 공통된 결점인데, 그 점을 하반신의 리드로 좀 더 기다려볼 수 없는 것일까?

흔히 볼 수 있는 것은 스윙이 톱에 이르렀을 때　끝마쳐 버리는 케이스이다. 그 이유는 어드레스에서 힘을 주고 톱까지 가는 동안 한층 더 힘을 주는 것이 심해지고, 톱에서 다운 스윙에 걸쳐 힘을 잃게 되며, 중요한 임팩트에서는 완전히 힘을 잃게 되어 그 결과, 공은 날지 않고 콘트롤도 할 수 없게 되고 마는 것이다. 어디까지나 타구하기 위한 힘을 축적할 필요가 있지 않을까?

　톱 오브 스윙에 들어갔을 때는 하반신에서는 이미 다운 스윙의 움직임이 시작하고 있다. 억지로 그렇게 하는 것이 아니라, 자연히 시작된다. 이 움직임이 생김으로써, 그림의 왼편에서 두 번째에 보이는 것과 같이 클럽과 두 손에서 생긴 각도가 한동안 유지된 채 다운 스윙이 계속된다. 또 세 번째의 그림까지

빠듯이 이 형이 연장되고, 그 직후 이번에는 두 손이 풀려나 임팩트를 맞는 것이다.

이것이 다운 스윙의 형이며, 톱에서 별안간 공을 치기 힘든 어리석음을 저지르는 아마추어에게서는 이 형은 볼 수가 없다. 다만, 프로의 스윙을 보고 알 수 있듯이, 스윙은 일정한 리듬을 가지지만, 아마추어의 눈에는 깜짝할 사이에 끝나고 만다. 그림에서 보는 바와 같이 다운 스윙의 한 토막 한 토막 눈에 뜨이는 것은 아니다. 그것을 보다 세밀히 사진으로 포착해 보면 이렇게 된다는 것이다.

따라서, 연습장에서 이 한 토막 한 토막을 재현하려고 생각해서는 안 된다. 그보다, 그만큼 샤프하게 클럽 헤드를 휘두르고 있는 프로가 다운 스윙에서는 이 그림에 있는 것처럼 절대로 성급하게 치려고 하지 않는다는 것을 유념해 주기 바란다.

여기서 단숨에 클럽을 휘둘러서 빠져 나간다.

왼쪽 허리의 리드로

다운 스윙에서 프로는 성급히 치려고 하지 않는다. 그러나, 반면 클럽 헤드의 스피드는 굉장하다. 그 비밀을 말로 표현하면 하반신의 리드를 말하는 것이다.

다운 스윙의 최초에서는, 오른쪽 어깨를 극력 그 위치에 멈추어 놓고, 왼쪽 허리를 우선 어드레스의 위치로 되돌리는 데서 시작한다.

그런데 다운 스윙의 중요한 점이라고 하면 참으로 여기에 있다. 왼쪽 어깨가 90° 돌고, 클럽은 톱의 위치에 있다. 이 때, 마찬가지로 돌아간 왼쪽 허리가 다운 스윙에의 움직임을 먼저 시작한다. 여기에 흔히 말하는 '힘'이 생긴다.

상반신은 아직 충분히 돌아간 상태로 놓아 두고 왼쪽 허리가 어드레스의 위치로 되돌아가기 시작한다. 이 호흡을 이해하게 되면 샷은 비거리도 생기고 정확해지기도 한다.

다운 스윙은 왼쪽 사이드에서 리드한다는 결론은 이런 데서 끌어내게 되는 것으로, 왼쪽 허리를 어드레스의 위치로 되돌리려고 하는 움직임은 왼쪽 발뒤꿈치도 어드레스의 상태로, 또 일단은 오른발의 무릎으로 다가서게 한 왼쪽 무릎도 같은 상태로 되돌리는 것이 된다. 실은 왼쪽 사이드를 어드레스의 위치로 되돌려도 여전히 상반신은 톱의 형을 별로 바꾸지 않고 있다.

그립의 위치가 처지고, 왼쪽 어깨의 위치도 왼쪽으로 접근해 가고 있으나, 무엇보다도 그립과 클럽 사이에 생긴 각도가 톱과 거의 다르지 않다. 다운 스윙을 왼쪽 사이드의 리드, 특히 왼쪽 허리를 어드레스의 위치로 꽉 되돌리는 것 같은 움직임으로 행하면, 의식하지 않아도 자연히 이와 같은 '힘'이 생긴 형이

만들어지는 것이다. 그런데, 유감스럽게도 아마추어 골퍼의 다운 스윙은 이렇게 되어 있지 않다. 어째서일까? 한마디로 말해서 이 형과 반대의 동작을 하고 있다. 다운 스윙은 왼쪽 허리의 리드로 한다는 올바른 형의 반대는 다운 스윙을 오른쪽 사이드에서 하는(주로 상반신)── 것이다. 다운 스윙에 들어갈 때 한순간 재빨리 오른쪽 어깨가 앞으로 나온다. 궤도는 아웃사이드 인이 되고, 원호도 작아져서 슬라이스가 생긴다. 다운 스윙의 시작에서 오른쪽 어깨가 나오고 아웃사이드 인의 궤도가 되면, 흔히 말하는 헤드를 살려서 임팩트에서 휘둘러 뺄 수가 없다. 임팩트에서 밀리는 느낌이 되고, 왼쪽 무릎을 끌어당겨서 치게 된다. 어떻게 제대로 공에 대려고 하여 두 발의 발뒤꿈치를 늘고 조정하는 것 같은 그림도 생긴다. 따라서 다운 스윙의 최초에서는 오른쪽 어깨는 극력 그 위치에 멈추어 놓고 왼쪽 허리를 어드레스에 되돌리는 움직임을 우선케 하지 않으면 클럽 헤드는 본래의 궤도를 그리지 못한다.

스퀴시, 톱의 원인은 ?

다음에 다운 스윙에서 오른쪽 어깨가 처지는 현상도 자주 보게 된다. 스퀴시 톱이 생기는 것은 주로 다운 스윙에게 오른쪽 어깨가 처지기 때문이다. 이것은 본능적으로 공을 올려 주려고 하는 골퍼에게 많다. 예컨대 드라이버인데, 이것은 핸디 10 대의 골퍼라도 '쉽다'고 느끼고 있는 사람은 적지 않을 것이다. 특히 공이 오르지 않으면 개탄하는 골퍼가 많다.

하지만 티 업하여 보통으로 '후려 내는'식으로 치면 로프트도 11 도 이상은 있는 것이고 티에 얹혀 있을 적도 있어서 자연히 공은 오르게 된다. 그것을 무슨 일이 있어도 몸으로 올리겠다고 하는 마음이 강하게 작용해서 공을 떠 올리는 타법이 되고 만다. 이 때 몸의 자연스러운 움직임으로 오른쪽 어깨가 처지는 것이다. 오른쪽 어깨가 처지는 것은 왼쪽 어깨가 오르는 것이 된다. 공을 올리려고 원하는 골퍼는 임팩트에서 폴로 드루에 걸쳐 완전히 왼쪽 사이드가 발돋움해 있다.

이런 상태를 맞는다는 것은 다운 스윙에서 몸의 회전이 행하여지고 있지 않은 것으로, 헤드의 스피드도 둔해지고 헛치는 것은 당연하다. 스퀴시가 싫어서 더욱 몸을 뻗치고 떠내치기의 정도를 강화하면 이번에는 톱이 되기 쉽다. 어떻든 클럽 헤드는 밑에서 위로 움직이는 것이니, 스퀴시 되면 클럽이 밑에서 위로 오르는 일 없이 공의 위를 치고, 톱이 되는 것이다. 이런 경우에는 타구한 뒤 체중도 왼발에 얹지 말고 반대로 오른발에 얹히게 된다. 피니시 등을 취하려고 해도 취해지는 것이 아니다.

이것을 시정하자면 오른쪽 어깨를 의식하기보다도 왼쪽 어깨에 주의하는 쪽이 낫다. 차라리 왼쪽 어깨를 가라앉히도록 한다. 왼쪽 사이드가 발돋움하는 것을 막기 때문에, 왼쪽 어깨를 가라앉히도록 하면 오른쪽 어깨도 처지지 않게 된다. 공이 오르지 않는 것은 아닐까 하고 생각하는 것은 부질없는 걱정이며 이 쪽이 드라이버라도 후리듯이 칠 수 있으니 티와 로프트가 살려져 만족할 만한 높이의 탄도(彈道)를 약속해 준다. 그리고 허리를 수평으로 돌릴 것. 쉽게 말해서 다운 스윙은 벨트를 수평으로 돌리고 행하듯이 체크하는 일이다.

벨트가 지면과 평행으로 돌아가고 있는 것 같으면 왼쪽 어깨가 오르는 일도 없다. 벨트를 지면과 수평으로 돌리는 의식을 가지면 몸의 회전도 좋아진다.

이를테면 벨트를 수평으로 돌린다고 하는 것은 굳이 다운 스윙에만 한한 일은 아니다. 백 스윙에서도 마찬가지이다. 클럽이 톱에 갔을 때 왼쪽 어깨의 회전에 따라 왼쪽 허리도 45도 돌아가 있는데 의식으로서는 벨트가 수평으로 돌아가 있는 느낌이다. 허리는 스윙하는 동안, 수평으로 회전시킨다고 생각하면 스윙 자체가 아주 편해진다.

　사실 프로의 스윙은, 이 오른쪽 그림
까지는 비교적 느긋하지만, 여기서부터
앞의 움직임은 빠르다. 이 직후에는 클
럽 헤드가 홱 앞으로 나간다. 충분히 뜸
을 들이고 있는 것이다. 아마추어라도 좋
은 리듬으로 클럽 헤드를 휘두르는 사람
은, 이것과 가까운 움직임이 된다.

백 스윙, 그리고 다운 스윙의 움직임을 뒤쪽에서 보면 알기 쉽다. 백 스윙에서는 왼쪽 사이드를 오른쪽으로 돌아가게 한다. 다운 스윙은 그 반대이다. 왼발이 원점으로 되돌아오고, 오른발의 무릎이 왼쪽으로 다가서는 움직임을 하기 전에 손만으로 타구하는 것은 좋지 않다.

복습해 보자

　그러면, 톱에서 다운 스윙에 걸쳐, 어느 것이 스무스한 움직임이며 어느 것이 좋지 않은 형인지 매우 분명해졌다고 생각한다. 대충 복습하자면, 왼쪽 어깨를 돌리고 클럽이 톱에 간 순간에 왼쪽 허리를 어드레스의 위치로 되돌리려고 하는 움직임이 시작되고, 그 때문에 클럽은 톱에서 한 호흡 정지하고 있는 것같아 보인다——고 하는 것이었다.

　왼쪽 허리의 되돌리기와 거의 동시에 왼발 발뒤꿈치도 지면에, 그리고 왼쪽 무릎도 정면으로 향한다. 왼쪽 허리는 이 이상 비구선의 방향으로 쑥 내밀 필요는 없다. 백 스윙에서 오른발 안쪽에 얹힌 체중은 왼발로 옮겨지게 된다. 그리고, 이 시점까지 상반신은 이런 하반신의 움직임에 끌려다닐 뿐이었다. 특히 주목하고 싶은 점은 그립과 클럽 사이에 생긴 각도가 바뀌지 않고, 흔히 말하는 '코크를 풀지 않은 상태'에서 하반신에 리드되어 왔다는 것이다.

　아마추어 골퍼의 좋지 못한 예인 톱에서 별안간 '타구해 가는' 상태에서는 오른쪽 어깨가 앞으로 나오고, 동시에 오른손을 쓰기 시작하기 때문에 코크도 쉽게 풀려서 완전한 아웃사이드 인의 슬라이드 궤도가 생긴다는 것도 알게 되었다.

　그러면 다음에 왼쪽 허리의 리드로 시작된 다운 스윙에서 그 왼쪽 허리와 왼쪽 무릎, 발뒤꿈치가 어드레스의 위치로 되돌아온 뒤 다운 스윙은 어떤 식으로 행하여지고 임팩트를 맞는 것일까? 물론, 몇 번이나 되풀이하듯이 골퍼의 스윙은 리드미컬하게 행하여지는 것이고, 어딘가에서 분단되는 것은 아니다.

　톱에서 다운 스윙에 걸친 스무스한 움직임은 빼놓을 수 없는 것이고, 더욱이 왼쪽 허리, 왼쪽 무릎, 발뒤꿈치가 정면을 향한 뒤의 다운 스윙→임팩트의 단계에서도 스윙은 거침없이 행하여지지 않으면 안 된다. 이 '스무스한 움직임'이라는 것은 늘 유념해주기 바란다. 그렇지 않으면, 하나의 단락 뒤에 전혀 관련이 없는 동작이 들어오는 것 같은 착각을 일으킬지도 모른다. 그래서 이러한 경우인데, 왼쪽 허리, 왼쪽 무릎, 발뒤꿈치가 어드레스의 위치로 되돌아오고 그것에 끌려서 그립의 위치가 오른쪽 무릎의 선까지 내려오면 뒤에는 단숨에 클럽 헤드를 휘두른다. 단숨에라고는 해도, 여느 때와 마찬가지로 황급하게 빨리 휘두르는 것은 아니다. 이렇게 되면, 톱에 클럽이 가기도 전에 벌써 타구하기 힘든 다운 스윙과 전혀 다르지 않다. 스윙을 엉망이 되게 한다.

다운 스윙

이 세 가지 그림에서 느껴주기 바라는 것은, 클럽 헤드를 휘두른다고 하는 느낌이다. 톱 오브 스윙에서 임팩트까지 왼쪽 사이드의 회전이 충분히 행하여지고, 다운 스윙에서는 왼쪽 허리의 리드가 있고서야 비로소 클럽 헤드를 휘두를 수가 있다.

그러지 않고, 톱의 위치에서 클럽 헤드의 무게를 느끼면서 휘둘러 가는 느낌이다. 클럽 헤드의 무게를 느끼면서 스윙하는 것이면, 절대로 허둥대고서는 타구하지 못한다. 어느 쪽이냐 하면 느긋하게 한다. 그러나, 이러한 경우에는 '뜸'을 충분히 들었기 때문에, 일단 코크를 풀고 휘둘러진 클럽 헤드의 스피드는 대단히 빠른 것이 된다. 클럽 헤드의 스피드를 내려고 해서 빨리 휘두르려고 하면 도리어 스피드는 떨어지고 만다. 이 사이, 백 스윙과는 반대의 동작이 하반신에서 행하여진다. 오른쪽 무릎이 왼쪽 무릎으로 다가간다. 오른쪽 무릎을 걷어찬다고 하기보다는 다운 스윙의 몸 회전에 따라 오른쪽 무릎이 왼쪽 무릎으로 다가가는 것이다. 그리고 몸의 정면에서 임팩트를 맞는다.

73

다운 스윙의 올바른 흐름, 움직임은 이상과 같은 것인데 여기서 다운 스윙을 다른 각도에서 포착해 보자. 그것은 백 스윙의 안쪽에서 다운 스윙이 행하여진다는 것이다. 즉, 백 스윙에서 클럽이 톱에 간 직후의 다운 스윙이고 클럽은 그 백 스윙에서 그린 궤도의 안쪽을 지나서 내려온다는 것이다.

프로의 골퍼가 능숙하기 때문에 모두 그렇게 되어 있다는 것은 아니고, 이 느낌은 아마추어 골퍼라도 습득할 수 있는 것이다. 가령 당장은 안 되더라도, 스윙을 하는데 큰 힌트는 될 것이다. 예컨대, 오른쪽 어깨가 다운 스윙과 동시에 나오고 '타구해 버리는' 골퍼는 이 이미지를 그리면서 타구하면 그다지 두드러지게 오른쪽 어깨가 나오는 일은 없게 될 것이다.

또, 클럽이 톱에 가기도 전에 타구하려고 덜렁대는 사람도 다운 스윙에서 클럽은 백 스윙으로 그린 궤도의 안쪽으로부터 내려온다고 생각하면 지금까지와 같이 황급히 타구할 수가 없다. 그리고 지금까지 클럽 헤드를 살려서 타구하는 것 같은 느낌을 포착하지 못한 골퍼도, 어느 정도의 느낌을 알 수 있게 될 것이다. 그런데 다운 스윙을 정말로 옳게 하자면 무엇이 필요한가를 여기서 다시 설명하고자 한다. 그것은 그 전의 백 스윙에서 왼쪽 어깨를 충분히 돌리고 몸 전체로 비트는 일이다. 어깨가 돌아가지 않는 골퍼는 클럽을 인사이드로 끌어당기고 톱에서는 왼쪽 손목이 손등 쪽으로 접히기라도 하면, 이것은 이미 다운 스윙에서는 거의 오른쪽 어깨가 나와 아웃사이드 인의 스윙이 되고 만다.

　오른손의 그립이 너무 빠듯한 나머지 오른쪽 손목이 딱딱해지고 백 스윙에서 오른쪽 팔꿈치를 등 뒤로 끌어당길 수 있는 골퍼도, 다운 스윙에서는 8자를 그리고 아웃사이드에서 타구해 오는 결과가 된다.

　왼쪽 어깨가 공 쪽으로 쑥 내밀어지듯이 떨어지고 마는 백 스윙을 하는 골퍼의 다운 스윙은 도저히 다운 스윙이라고 부를 만한 것이 못된다. '비틀기'가 없는 만큼 몸 전체로 튀기듯 타구하지 않으면 안 된다. 올바른 다운 스윙을 하자면, 역시 올바른 스윙을 하는 것이 중요한 조건이며 이것 자체를 보아도 스윙은 백 스윙과 다운 스윙을 분단, 구별하는 것이 아니라 하나의 흐름으로서 스무스하게 하도록 유념하지 않으면 안 된다는 것을 알 수 있다.

　상체가 충분히 돌아가면 다운 스윙은 그다지 힘든 것은 아니다. 그러나, 뭔가 불편한 일이 백 스윙에서 일어나면 다운 스윙에서는 즉각 그 영향으로 숏을 흐트러지게 하는 것이다.

《이 점이 문제》

다운 스윙은 왼쪽 허리의 되돌리기로 시작한다고 했는데, 왼쪽 허리와 더불어 왼쪽 무릎, 왼쪽 발뒤꿈치도 어드레스의 위치로 되돌아가기 시작한다.

어드레스의 위치로 되돌아가는 것이니 두 무릎은 가볍게 굽혀진 상태에서 다운 스윙이 행하여지는 것은 말할 것도 없다. 그런데 다운 스윙이 도중에서 두 무릎을 뻗고 마는 골퍼가 많은 것은 무슨 까닭인가. 다운 스윙 도중에서 두 무릎을 뻗고, 그대로 회전한다. 이러한 골퍼의 숏을 보면 공을 문지르는 슬라이스가 많다. 비거리도 나지 않는다. 발이 센 사람은 자주 이렇게 된다. 야구, 축구, 럭비를 했다는 사람은 다운 스윙에 들어가자마자 두 무릎을 뻗고 만다. 섣불리 발이 센 탓에 그런 식으로 작용해 버리는 것이다.

어드레스에서는 가볍게 몸을 앞쪽으로 기울게 하고 두 무릎도 약간 굽히고 여유를 주게 된다. 다운 스윙에서 임팩트에 걸쳐서도 이 상태가 재현되는 것이 바람직한데도, 그런 일 같은 건 아랑곳하지 않고 공을 치려고 하는 것은 우습다.

이것을 시정하자면, 왼쪽 허리를 의식한다. 왼쪽 허리를 다운 스윙에서 임어떨까? 어드레스의 높이를 바꾸는 일 없이 임팩트를 맞이할 수 있고, 그것이 힘찬 폴로 드루에 이어지게 된다. 이 이미지를 잊어서는 안 된다.

스탠스의 폭은 넓은 듯하게.

팩트에 걸쳐 뻗쳐 오르지 않게 하면 동시에 두 무릎이 뻗는 일은 없다.

첫 머리에서 거론한 바와 같이 실은 필자도 젊었을 적에는 다리가 뻗었다. 특히 왼쪽 허리를 힘껏 올리게 하는 듯한 스윙을 하고 있었다. 공은 잘 날았고, 이것이 골프의 스윙이라고 생각했다. 하지만, 이렇게 되면 숏의 정확성은 유지하지 못한다. 그래서 긴 골프 생활을 위해서도 일찌감치 이것을 시정하려고, 두 발의 스텝을 잔뜩 넓히고 타구하는 연습을 했다.

이렇게 해서는 몸은 뜨기 힘들다. 두 무릎도 뻗기 힘들다. 다운 스윙에서 임팩트에 걸쳐 두 무릎을 어드레스와 거의 같은 높이로 유지할 수가 있다.

스텝이 넓으면 허리의 회전이 제약을 받아, 체중의 이동이 전혀 이루어지지 않기 때문에 공은 날지 않는다(그렇기는 해도 상당히 날기는 하지만). 그러나, 정확성에 있어서는 단연 뛰어나다.

되풀이하지만, 다운 스윙에서 두 무릎이 뻗으면 스윙의 높이가 바뀌고, 신체의 스무스한 회전을 멈추게 한다. 왼쪽 사이드를 뻗치지 않도록 극력 주의하고 스윙해 주었으면 한다. 끝으로 힌트를 또 한 가지. 다운 스윙에서 목덜미가 움직이지 않는다고나 할까, 확실히 의식하고 있으면 어드레스의 높이를 바꾸지 않고 스윙하기 쉽다.

다운 스윙은 하반신에서 시작하고, 클럽 헤드의 궤도가 백 스윙 때보다 안쪽을 지나, 그립보다 뒤져서 내려온다.

임팩트

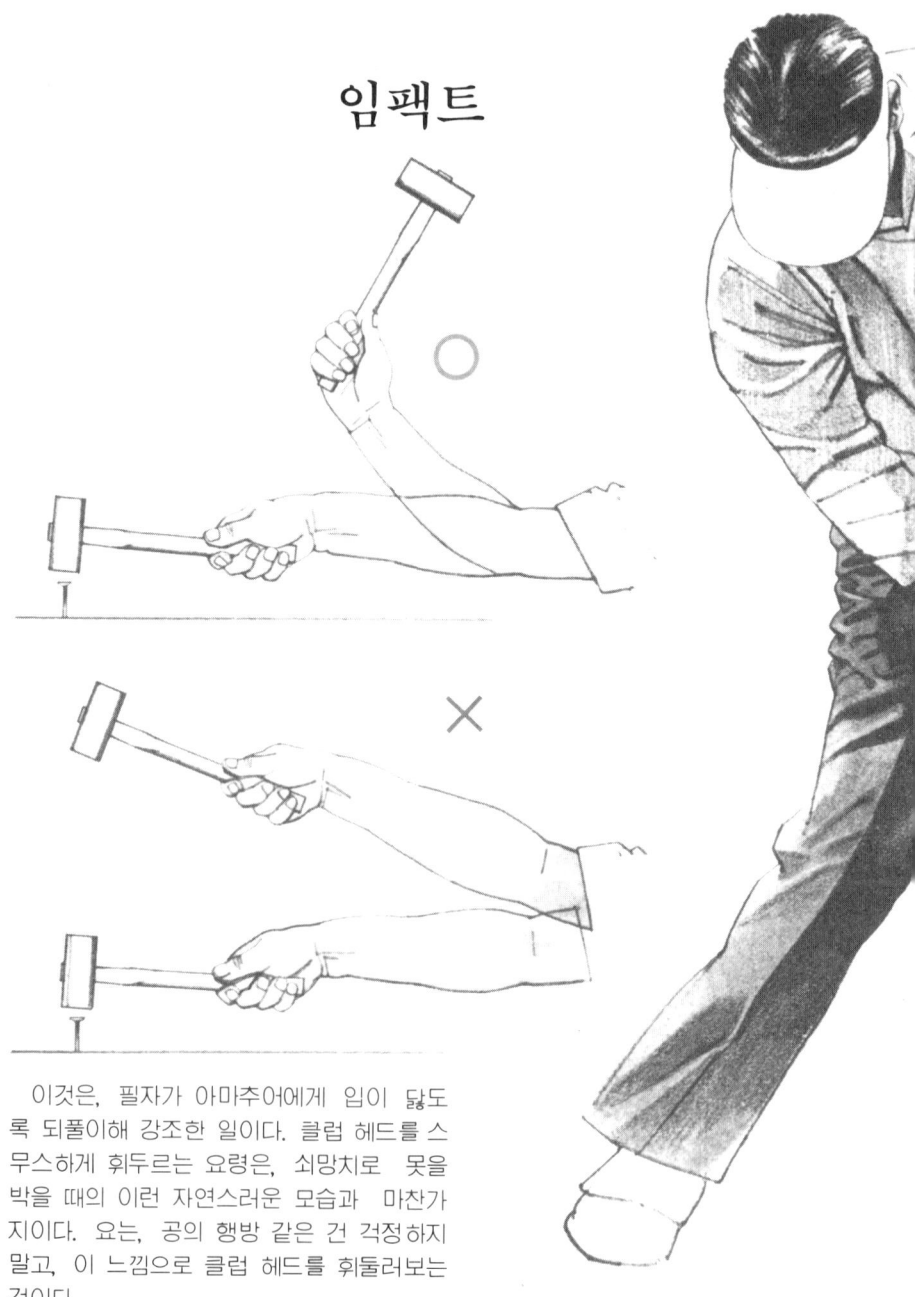

　이것은, 필자가 아마추어에게 입이 닳도록 되풀이해 강조한 일이다. 클럽 헤드를 스무스하게 휘두르는 요령은, 쇠망치로 못을 박을 때의 이런 자연스러운 모습과 마찬가지이다. 요는, 공의 행방 같은 건 걱정하지 말고, 이 느낌으로 클럽 헤드를 휘둘러보는 것이다.

다운 스윙은 왼쪽 허리를 어드레스의 위치로 되돌리는 데서부터 시작했다. 왼쪽 허리의 리드로 몸 전체가 정면을 향하는 자세가 되었다. 백 스윙에서 비튼 몸을 되돌리는 동작이 리드미컬하게 이어지고 있는 셈이다. 그립은 그 몸의 움직임에 끌려서 오른쪽 무릎 쪽으로 향해 느긋하게 내려오게 된다. 그러면 이제부터 임팩트로 들어가 보자.

그래서 임팩트의 느낌인데, 이것은 쇠망치로 못을 박는 요령을 늘 유념해 주기 바란다. 쇠망치로 못을 박는 것 같은 건, 지금은 일요일을 이용해서 집의 목수 일을 하는 사람 이외에는 거의 볼 수 없을지도 모른다.

그러나, 누군가 한 두 번은 경험한 적이 있을 것이다. 못을 박을 때 팔꿈치와 손목을 곧게 하고(일러스트 참조) 박는 사람은 없다. 팔꿈치를 굽혀 놓고, 쇠망치가 못의 대가리에 닿는 순간에 손목을 부드럽게 이용해서 '꽝' 하고 박는 것이 보통이다. 쇠망치 '헤드'의 스피드가 붙고, 세게 못을 박을 수 있기 때문이다.

더 자세히 말하자면, 쇠망치가 못을 박은 순간에는 손목의 움직임을 멈추고 있는 것이다. 그렇게 함으로써, 더욱 쇠망치 '헤드'의 스피드가 붙는다. 말하자면 실로 옳은 포인트에서 못을 박을 수 있는 셈이다. 골퍼의 임팩트가 바로 이것이다. 몸이 정면을 향하고 임팩트의 태세로 들어가면 왼쪽 겨드랑이를 죄면서 왼손을 멈추는 느낌이 되게 하는 것이다. 이 동작에 의해서 클럽 헤드는 앞으로 나가게 된다. 클럽 헤드가 홱 뻗는 상태가 되는 셈이다.

그런데, 아마추어 골퍼는 이것이 좀처럼 되지 않는다. 임팩트에서 헤드가 뻗질 않는다. 즉 빠지지 않을 적이 많다. 임팩트에서 클럽 헤드가 빠지지 않으면 비거리도 나지 않고 정확성도 없다. 그러면 어째서 되지 않는 것인가. 그것은 임팩트를 맞이하는 포인트가 어긋나 있기 때문이다. 몸의 정면에서 왼손을 멈추고 임팩트해야 비로소 헤드가 나간다고 하는 데도, 아마추어 골퍼는 몸이 반쯤 열리고서(왼쪽 사이드가 열린다) 겨우 임팩트에 들어가게 된다. 야구에 비유하면 완전히 뒤늦은 휘두르기의 상태이다. 몸이 열리고 있는 상태에서 임팩트를 맞게 되면 겨드랑이도 죄어지지 않고 어떻게 할 바가 없다. 슬라이스가 나도 전혀 이상하지 않다.

　그러면 어떻게 하면 올바른 포인트를 포착할 수 있는가. 그것은 그립이 오른쪽 무릎의 선에 온 데서 공을 타구해 가면 된다. 오른발 쪽에서 후려 쳐가는 느낌이다. 이때 왼쪽 겨드랑이가 꽉 죄어지는 것과 동시에 이제까지 부드럽게 샤프트를 잡고 있던 오른손의 그립, 특히 집게손가락, 가운데손가락, 그리고 약손가락의 세 손가락에 힘이 주어지게 된다.

　임팩트에서는 두 손의 그립이 꽉 죄어지게 되는 셈이다. 이 포인트, 그리고 이 형으로 임팩트를 하면 자연히 임팩트는 올바른 포인트로 행하여진다. 몸을 열면서 타구할 필요는 없다. 임팩트의 포인트를 앞당긴다고 하는 감각은 아마추어 골퍼에게는 '혁명적'인 힌트라고 생각한다. 다시 한번 야구에 비유한다면 쾌속구(快速球)에 먹혀서 뒤진 휘두르기의 파울밖에 치지 못하는 타자가 좌중간으로 멋진 라이너를 칠 수 있는 가능성이 나오게 되는 것이다.

　연습일 경우, 다소의 기술적인 결점은 알 수 있으므로 그거다 이거다 하고 일타(一打)씩 열심히 바로잡는다. 그러나 임팩트의 포인트가 완전히 뒤져있다는 스윙은, 어딘가에서 갑자기 앞당기면, 거기서 엉망이 된다. 따라서 일정한 리듬, 템포로 클럽 헤드를 휘드르는 것이 최량의 결과를 가져온다는 것은 더 말할 나위가 없다. 그러나, 아마추어는 미트 포인트를 앞당겨야 한다.

것은 모르고 있다. 물론 이것도 기술적인 결점의 하나인데, 야구면 몰라도 골프에서는 그림에서 어드레스 백 스윙 등, 임팩트에 이르기끼지 체그히는 곳이 많으며, 도저히 임팩트의 포인트 같은 것에까지 미치지 않는다.

일타할 때마다 이거다, 저거다 하고 바로잡아도 포인트가 뒤지는 점이 바로 잡혀지지 않는다면 공은 되살아 주지 않는다. 그립이 오른쪽 무릎의 선에 오면 타구를 한다. 왼손을 목표로 내동댕이치듯이 하고 확 멈추어본다. 혹은 오른쪽 무릎 앞에서 클럽 헤드를 휘둘러 준다.——이와 같은 느낌으로 임팩트를 맞이해 주면 헤드가 뻗고 놀랄 만한 공이 나온다.

프로의 토너먼트나 연습을 보는 것은 아마추어에게는 매우 참고가 될 것이다.

필자의 스윙을 보고 '굉장하구나' '박력이 전혀 다르다' 등의 말을 해주는 사람도 있으나, 텔레비젼에서가 아니라 실제로 프로가 공을 치고 있는 것을 보면, 어딘지 전류가 온몸을 치닫는 것 같은 쇼크를 받아, 골프의 스윙에 대한 인식을 새롭게 할 것이다. 프로의 스윙은 그만큼 클럽 헤드가 뻗고 있기 때문이다.

몸은 아직 정면을 향하고 있는 데도, 클럽 헤드만이 홱 하고 비구 방향으로 뻗고 있다. 이것이 필자가 몇 번이나 표현하고 있는 '클럽 헤드가 뻗는다'고 하는 상태이다. 임팩트에서 이 클럽 헤드가 휙 하고 비구 방향으로 나가는 동안은 시간으로 치면 그야말로 눈 깜짝할 사이여서 영점 몇초라고 잴 수 있는 것은 아니다. 이것도 임팩트에서 두 발의 발뒤꿈치가 들린다(즉 몸이 완전하게 뻗친다)든지, 왼쪽 팔꿈치가 끌어당겨지는 것 같은 상태에서는 생겨나지 않는 '형'이다.

　어느 한 곳도 힘을 주는 데가 없다. 그러나 타구하기 위한 축은 확실하기 때문에 클럽 헤드를 휘두르기 위한 힘은 충분히 집중되어 있다.

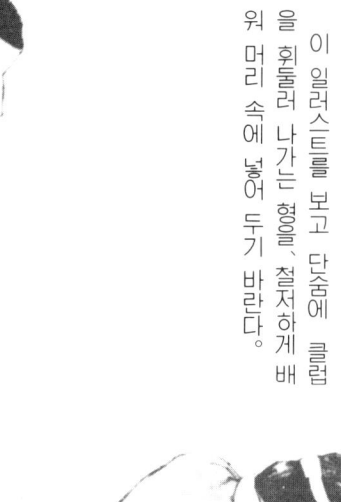

이 일러스트를 보고 단숨에 클럽을 휘둘러 나가는 형을, 철저하게 배워 머리 속에 넣어 두기 바란다.

아마추어의 태반은 좌측 그림의 다운 스윙인 데서, 어느 한쪽의 발 뒤꿈치가 뜨고, 그 때문에 상체가 뻗칠 듯하게 되는 것인데, 그것을 꾹 참고 알맞은 임팩트를 맞이하지 않으면 안 된다. 클럽 헤드를 휘두름으로써 몸의 각 부분이 필요한 최대한으로 살려진다고 하는 것 같은 느낌도 알게 될 것이고, 하여튼, 클럽 헤드를 휘두른다고 하는 의식은 항상 명심하지 않으면 안 된다.

헤드를 살리려면

임팩트에서 헤드가 충분히 살아 있지 않으면 안 된다. 그러기 위해서는 몸을 열고 타구하는 것이 아니라, 포인트를 앞당겨 몸이 열리기 전에 미트하지 않으면 안 된다. 그리고, 임팩트에서는 왼쪽 손목을 확 멈추는 느낌이 되게 하면 헤드가 뻗어 나가서 스피드 있는 휘둘러져 빼기를 할 수 있다. 이런 것을 염두에 두고 또하나 체크해 주기 바라는 것이 있다. 그것은 다운 스윙에서 임팩트까지 두 발의 발뒤꿈치를 들지 않는 '발을 밀착시킨 타법'이다. 다운 스윙에서 임팩트에 걸쳐, 오른쪽 무릎이 왼쪽 무릎으로 다가간다. 백 스윙과는 반대의 움직임이다. 그리고 임팩트에서는 두 발의 발뒤꿈치가 들리지 않고 미트한다.

특히 중요한 것은 오른발로 임팩트 때 발뒤꿈치는 밀착한 채이다. 어째서 이렇게 하지 않으면 안 되는가. 그것은 다운 스윙의 초기 단계에서 오른발의 발뒤꿈치를 들게 되면 몸이 발돋움하는 데다가 왼쪽 사이드가 열린 형으로 되고, 어드레스 때보다 공이 오른쪽으로 와있는 것같이 보이기 때문이다. 몸이 그만큼 깊이 들어가 있는 것이고 포인트가 완전히 어긋나 버린다.

  임팩트에서는 어드레스에서 그랬던 것처럼, 머리를 반드시 공의 뒤쪽에다 남기고 타구해 가지 않으면 안 된다. 특히 우드는 그렇다. 그런데, 다운 스윙에서 오른발의 발뒤꿈치가 들리게 되면 이 자세를 취할 수 없게 된다.

  그 뿐 아니라, 몸이 앞으로 깊이 들어가기 때문에 시선이 공에서 떠나는 것이 빨라져 헤드업한다. 그러면 어째서 많은 아마추어 골퍼가 다운 스윙에서 임팩트에 걸쳐 오른발의 발뒤꿈치가 들리고 마는 것일까?

  여기에는 많은 원인이 생각되나 극히 평균적으로 공통된 것은 백 스윙에서 왼쪽 어깨가 충분히 돌아가지 않기 때문에 다운 스윙에서 클럽을 아웃사이드 인으로 휘두르게 되고, 임팩트에서 거북해지기 때문에 하는 수 없이 오른발 발뒤꿈치를 들고 있는 경우이다. 어드레스에서 공과 머리의 간격을 정하면, 이 간격 안에서 높이를 바꾸지 않고 스윙하지 않으면 안 된다. 백 스윙에서 왼쪽 어깨가 처지면 이 간격은 바뀐다. 다운 스윙에서 임팩트에 걸쳐서 오른발 발뒤꿈치가 들려지면 역시 간격은 바뀐다. 그것을 바꾸지 않기 위해서도 임팩트는 오른발의 발뒤꿈치를 들지 않는 상태에서 맞이하는 것이다.

  그렇다고 해서 언제까지나 찰싹 붙어 있다는 것은 아니다. 백 스윙에서 오른쪽으로 이동한 체중이 옮겨짐에 따라 오른쪽 무릎이 왼쪽 무릎 쪽으로 밀려들어오게 된다. 이 감각이 있어 더욱, 오른발의 발뒤꿈치를 들지 말라는 것이다.

  이를테면, 임팩트 뒤에는 어떻게 되느냐 하면 폴로에서 피니시로 몸이 회전함에 따라 오른발 발뒤꿈치는 들려지게 되고, 피니시에서는 뒤에서 슈즈(단화)의 뒷면이 보일 정도까지 들려지게 된다. 임팩트에서도 밀착 타구한 뒤에도 밀착해 있는 것은 아니다. 이런 것은 도가 지나치다고 하는 것으로 '발의 밀착 타법'이 아닌 '지나친 타법'으로 좋지 않다.

오른발의 발뒤꿈치를 들지 않고 임팩트를 맞는 것은 아마추어에게는 힘든 일일지도 모른다. 이 사실을 의식한 나머지, 임팩트 앞에서 몸의 움직임이 멈춰 버리고 만다는 것 같은 일이 있을지도 모른다. 그러나, 이렇게 하면 미트도 정확해지는 것이다.

　굳이 오른발의 발뒤꿈치를 들지 않고,
그대로 가만히 있으라고 하는 것은 아니
다. 그런 힘으로 타구한 뒤에는 클립 헤
드의 움직임에 따라 체중을 왼쪽으로 얹
고, 피니시에서는 오른발 구두의 뒷면이
보일 정도로 얹히게 하는 것이다.

왼발의 발끝은──

끝으로 왼발의 발끝에 대해서 언급해 두고자 한다. 임팩트에서 두 발의 발 뒤꿈치가 들리면 안 된다는 것은 이미 적은 대로이지만, 여기서 지적하는 왼발이란, 임팩트에서 발끝이 움직여 목표 방향을 향하고 마는 발을 말한다.

드라이버의 어드레스에서 왼발은 오른발의 발끝이 비구선과 직각이거나 열려도 아주 적게 멈추는 것과는 달리 역(逆) 八자형으로 열어 놓는다고 설명했다. 몸의 회전이 스무스하게 행하여지기 때문인데, 임팩트에서 그 발끝이 목표 방

야구에서 말하는 아웃스텝도 좋지 않지만, 골프에서 임팩트 전에 왼발의 발끝이 비구 방향으로 향하고 마는 것도 문제이다. 이것도 클럽 헤드를 휘두른다고 하는 의식에서 벗어난 결과의 하나라고 할 수 있다.

향을 향해 버리게 되면 큰일이다.

이렇게 되면 몸이 열리고 임팩트를 맞이하고 있는 것으로, 클럽은 이 열림에 따라 당연히 아웃사이드 인의 궤도가 된다. 몸의 열림이 빠르기 때문에 눈이 공에서 떠나는 것도 빨라, 헤드업의 원인이 되기도 한다. 자기로서는 충분히 헤드업에 조심한다고 생각하는 데도, 몇 번을 타구해도 그렇게 되어 버리면 고민하는 예가 적지 않다. 입이 건 친구는 "자네는 몇 번 주의해도 시정되지 않으니, 이제 어떻게 할 수가 없네"하고 말할지도 모른다. 그러나 이것은 헤드업을 하고 이상하지 않은 폼으로 타구하고 있기 때문이며, 반드시 본인의 주의력이 산만한 탓은 아니다. 한 번, 피니시 때에 자신의 왼발 발끝을 보아주기 바란다. 발끝이 목표 방향을 향하고 있는 사람은 왼쪽 사이드의 열림이 상당히 빠른 것이니 즉시 바로잡지 않으면 안 된다.

그러면, 어떻게 하면 좋을까. 우선, 어드레스에서 역 八자형으로 열었던 왼발의 발끝을 닫아 준다. 다음에 임팩트 때 왼손을 확 멈추는 것 같은 타법을 해보는 것이다. 폴로 드루나 피니시까지를 생각하지 말고, 오로지 임팩트에 의식을 집중시키게 되면 왼쪽 사이드는 열리기 힘든 것이고, 왼발도 허둥지둥 움직이지 않고 안정되는 법이다.

《이 점이 문제》

임팩트에서 왼쪽 사이드가 떠오르거나, 또 오른쪽 발뒤꿈치가 들리게 되면 정확한 숏을 타구하지 못한다는 것은 잘 알았을 것으로 믿는다. "그것은 말할 것도 없이 알고 있었다. 다만, 아무리 하여도 그렇게 되고 말기 때문에 그 교정법을 알고 싶었다"라고 말하는 사람도 납득해 주었을 것으로 믿는다.

아무튼 태반의 아마추어 골퍼가 다운 스윙에서 임팩트에 걸쳐 몸이 뻗쳐 오르는 경향이 있다. 몸이 뻗쳐 오른다는 것은 어드레스에서 가볍게 굽혔던 무릎도 뻗쳐 오르는 것으로 모든 일이 숏에는 좋지 않다. 그런데, 개중에는 이것과 반대로 이른바 '니(Knee) 액션'을 강조하는 케이스도 많다.

예컨대 미국의 프로는 빌 로저스 같은 예외를 제외하고, 대부분이 화려하다고도 할 수 있는 니 액션을 보인다. T. 와트슨, J. 밀러, J. 페이 등의 스윙은 그러한 의미에서 홀딱 반한다. 하지만, 착각은 곤란하다. 니 액션은 최소의 필요 한도가

있으면 되는 것이고 필요 이상으로 강조하면 공을 치는 포인트가 어긋나고 만다. 무릎을 지나치게 놀리는 것이 도리어 해가 된다.

아마추어가 니 액션을 지나치게 강조하면, 자칫 왼쪽 무릎이 흐르고, 긴장미가 없는 임팩트가 된다. 어드레스의 위치보다 왼쪽으로(비구선의 방향) 왼쪽 무릎이 흐르면, 필자가 집요하리 만큼 말한 임팩트에서 '왼손을 멈추고 타구한다'는 느낌이 없어지게 된다. 그리고, 무릎이 왼쪽으로 흐르

스윙할 때, 무릎의 높이를 항상 일정하게 해 놓는다.

는 만큼 페이스도 되돌아오지 못하고 열려서 들어오게 되기 때문에 공은 주로 슬라이스가 된다. 비거리는 나지 않고, 정확성도 없어진다. '무릎을 놀리지 말라'는 말은 하지않겠다. 오히려 '무릎은 놀리게 될 곳에서는 놀려 주기 바란다'고 하고 싶다. 그러나 헛되이 지나치게 놀리는 것은 안 된다. 이 대목은 꼭 이해해 주기 바란다.

빌 로저스의 멋진 스윙

그러면 어떤 것이 낭비가 없는 올바른 무릎의 사용법인가. 스탠스를 조금 좁혀서 릴랙스하고 서서, 드라이버를 휘둘러본다. 그러면, 그 클럽 헤드의 움직임에 리드되어 양쪽 무릎은 자연히 움직인다. 이 때, 허리를 끌어당기고 클럽을 휘둘러서는 안된다. 어디까지나 클럽 헤드의 무게에 끌려서 스윙해 보는 것이다. 통상의 숏도 이것과 전혀 다를 바 없다. 백 스윙에서는 왼쪽 어깨를 돌리는데 따라 왼쪽 허리가 돌아가고 왼쪽 무릎이 오른쪽 무릎으로 다가간다.

다운 스윙에서는 왼쪽 허리가 어드레스의 위치로 되돌아가는 것을 계기로 왼쪽 무릎도 어드레스의 위치로 되돌아간다. 그리고 몸의 정면에서 임팩트를 한다. 이 때는 자연히 오른쪽 무릎이 왼쪽 무릎 쪽으로 밀려 들어가게 된다. 즉, 어드레스의 위치에서 공을 치도록 하면 자연히 니 액션도 행하여지는 것으로서, 일부러 니 액션을 스윙할 때 독립된 것 같이 강조할 필요는 없다.

이를테면 미국의 프로의 경우지만, 그들은 모두 팔의 힘이 세기 때문에 보통 타법으로는 혹을 해버린다. 그래서 니 액션을 이용해서 힘을 빼고, 가급적 공이 왼쪽으로 가지 않도록 노력하고 있는 것이다. 따라서 T. 와트슨이나 J. 밀러의 스윙을 본보기로 삼을 것이 아니라, 본받으려면 B. 로저스의 스윙이 더 좋다. 그는 참으로 우리에게 맞는 그리고 오래 계속되는 스윙을 하고 있다.

백 스윙에서는 왼쪽 어깨가 돌아가는 것에 따라, 왼쪽 허리, 그리고 왼쪽 무릎이 오른발 방향으로 다가간다. 다운 스윙에서는 이것이 정면으로 되돌아온다. 그리고 클럽이 홱 휘둘러지는 것이다.

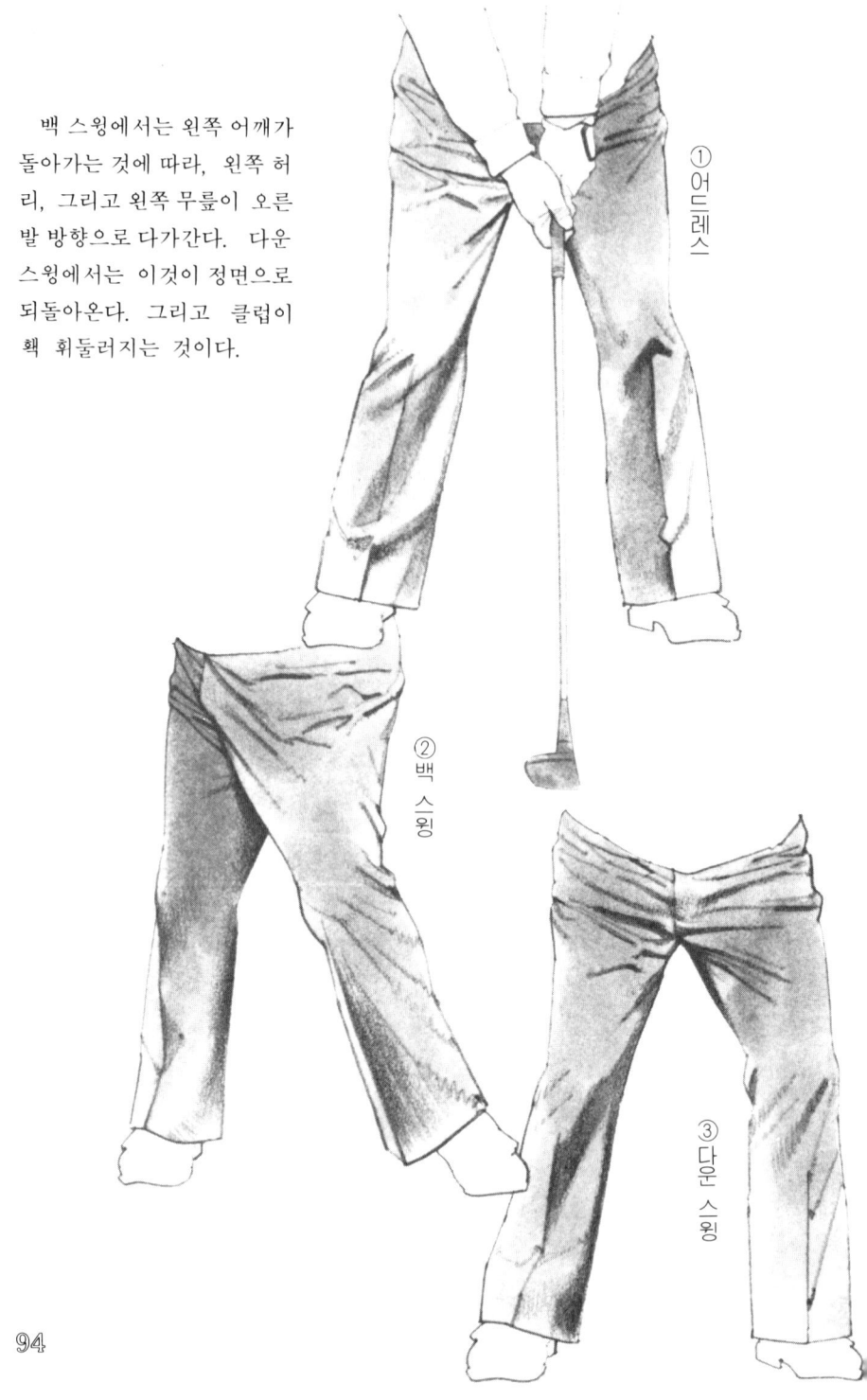

① 어드레스

② 백 스윙

③ 다운 스윙

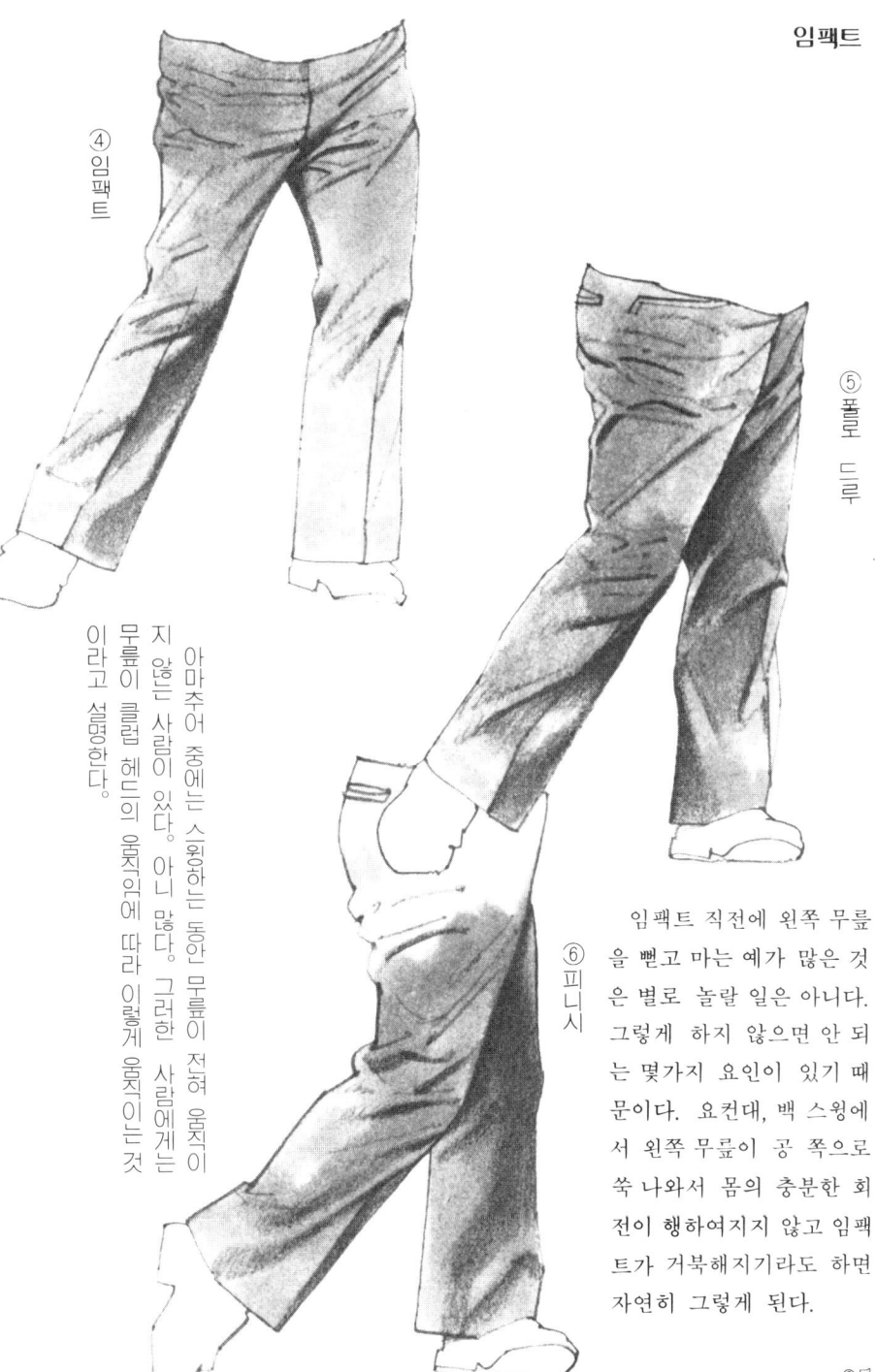

④임팩트

⑤폴로 드루

⑥피니시

아마추어 중에는 스윙하는 동안 무릎이 전혀 움직이지 않는 사람이 있다. 아니 많다. 그러한 사람에게는 무릎이 클럽 헤드의 움직임에 따라 이렇게 움직이는 것이라고 설명한다.

임팩트 직전에 왼쪽 무릎을 뻗고 마는 예가 많은 것은 별로 놀랄 일은 아니다. 그렇게 하지 않으면 안 되는 몇가지 요인이 있기 때문이다. 요컨대, 백 스윙에서 왼쪽 무릎이 공 쪽으로 쑥 나와서 몸의 충분한 회전이 행하여지지 않고 임팩트가 거북해지기라도 하면 자연히 그렇게 된다.

폴로에서 피니시로

낭비가 없는 스윙 만들기를 목표로 삼기 바란다고 이 책의 처음에 적었다. 다만, 아마추어 골퍼의 경우에는 낭비가 많은 반면, 중요하게 움직이지 않으면 안 되는 데가 움직이지 않는다고도 지적했다. 그에 따라, 그립에서 시작하여 어디를 충분히 움직이고, 어디를 움직이지 않아도 되는지 임팩트까지 설명해 왔다. 백 스윙에서는 왼쪽 어깨를 공이 멀리 보일 만큼 충분히 돌리는 점을 강조했고, 반대로 다운 스윙에서 임팩트에 걸쳐서는 니 액션을 하기 쉽도록, 클럽 헤드의 휘두르기에 대해 자연히 무릎을 움직이게 해야 한다고 설명했다. 그리고, 스윙은 마침내 마지막 마무리에 들어섰다. 그것이 임팩트 후의 폴로에서의 피니시이다.

스윙이란 절대로 분단되는 것이 아니라는 것은 되풀이해 적어 왔으나, 이 경우에도 마찬가지이다. 움직임은 어디까지나 스무스하게 이어진다고 생각해 주기 바란다. 폴로는 임팩트와 직접적으로 관련을 가진다. 그러한 의미에서 임팩트의 느낌을 기억에 새롭게 한 채 폴로에서 다시 피니시로 스윙을 이미지해야 한다. 그 까닭은 임팩트 직후에 중요한 동작이 남아 있기 때문이다. 『상박(上膊) 젖히기』——라고 하는 것이 그것이다. 이것은 말로 설명하기보다 일러스트를 참조해 주는 쪽이 이미지로서 기억하기 쉽다.

다운 스윙에서 임팩트에 걸쳐서, 왼쪽 겨드랑이를 죄어 온다. 임팩트 직전에 왼손을 멈추면 헤드가 기세 좋게 홱 나간다. 헤드가 뻗는 상태가 된다. 그 임팩트 직후, 이 상박 젖히기를 행한 뒤에는 단숨에 피니시로 가지고 가는 것이다.

상박 젖히기는 알기 쉽게 말하자면, 임팩트 직후에 왼쪽 팔꿈치를 올바르게 접는 것이다. 클럽 헤드를 비구선 방향으로 오래 휘두르는 것이 아니라, 인사이드로 접어서 휘둘러 가는 것이다. 통상 임팩트에서 폴로 드루에 걸쳐서는 클럽 헤드를 목표 방향으로 길게 잡으라고 가르치는 골퍼가 많을 것이다. 왜냐하면, 그것이 올바른 폴로 드루이기 때문이라고 하는 것 같은 알 듯하기도 하고 모를 듯도 한 이치를 덧붙여서 말이다.

그런데 해보고 알게 되겠지만 이렇게 되면 모두 클럽 헤드를 목표 쪽으로 밀도록 되고 만다. 헤드는 뻗지 않고, 우선 이것으로는 어디에서 공을 치는 것인지 확실한 데가 전혀 없다. 클럽 헤드를 목표 방향으로 언제까지나 길게 낼 필요는 전혀 없다. 그런 이상 야릇한 짓은 하지 말고 임팩트 뒤에는 왼팔의 팔꿈치를

지렛대로 재빨리 접어 버리면 된다. 클럽 헤드를 목표 방향으로 가능한 한 길게 내는 것이 아니라, 인사이드로 휘둘러서 빠지게 하는 것이다.

그러면 어째서 『상박 젖히기』를 하는 것인가. 첫째로 임팩트를 확실한 것이 되게 하는 것, 그리고 또 하나는 가능한 한 빠른 단계에서 클럽 페이스를 공에서 떨어지게 하기 위해서이다. 처음의 것은 임팩트의 항목에서 재삼 강조한 일이기 때문에 당장 알 수 있는 일이나, 또 하나의 가능한 한 빨리 클럽 페이스를 공에서 떨어지게 한다는 것은 좀 알기 힘들지도 모른다. 결론부터 먼저 말하자면, 이쪽이 공이 굽어지지 않는 것이다. 보통은, 클럽 페이스와 공이 접촉해 있는 시간이 길면 길수록 좋다고 생각되고 있다. 야구의 배팅에서도 타구는 이쪽이 보다 더 멀리 날아간다. 그러나, 페이스에 흠이 나 있는 골퍼의 클럽에서는 페이스와 공과의 접촉이 길면 길수록 공에 얼마간의 회전을 주어 굽힘의 가능성이 커지게 된다.

『상박 젖히기』에 의해 정말로 시원시원하게 클럽 페이스를 인사이드로 휘둘러서 빠져 나가게 하면, 페이스에서의 공의 이탈도 빨라진다. 확실히 샤프하게 임팩트한 공은 회전이 적고, 그만큼 공중에서의 굽힘도 적어지는 셈이다. 드라이버의 임팩트에서 폴로에 걸쳐서는 특히 이 '공 이탈의 빠르기'가 강조된다. 이를테면, 그린에 딱 멈추지 않으면 안 되는 상황에서는 페이스와 공의 접촉은 길어지면 길어질수록 좋다. 그만큼 백 스핀이 걸리는 회전을 얻을 수 있기 때문이다. 그런데 상박 젖히기 뒤에는 어떻게 되는 것인가. 다운 스윙에서 꾹 참았던 클럽 헤드는 임팩트에서 살아 있는 것처럼 되고, 상박 젖히기에서 손을 추월하여 홱 휘둘러져 빠지고 왼쪽 귀 쪽으로 오르게 된다. 이 때의 헤드 뻗기는 옆에서 보고 있으면 마치 폴로를 길게 취하고 있는 것같이 비치는 것도 덧붙여 두기로 한다. 이상, 임팩트 직후의 중요한 『상박 젖히기』의 이미지가 머리 속에 뚜렷이 새겨졌을 것으로 믿는다.

폴로에서 피니시로 타이밍

톱 오브 스윙에서 임팩트에 걸쳐 자세가 흐트러지는 아마추어에 비해 프로는 확실히 타구할 수 있는 상태를 만들고 있다. 톱에서 왼쪽사이드의 리드로 내려온 클럽은 임팩트에서 폴로에 걸쳐 홱 휘둘러져 빠져간다. 이때, 상박 젖히기가 행하여지면, 클럽 헤드의 뻗기는 한층 스무스해진다.

클럽 헤드가 임팩트에서 상박 젖히기에 의해서 시원시원하게 휘둘러서 빠져나가는 상태가 이 네 장의 그림에서 느껴진다.

스윙할 때 이 느낌을 이미지로서 확실히 그리게 되면 상박 젖히기를 하는 건 힘들지 않다. 즉 스무스히거나 스피디하게 클럽 헤드를 뻗게 하자면 이 자세를 만드는 것이 최대의 조건이며 그러기 위해서는 어드레스나 백 스윙에서 힘을 주지 않을 필요가 있다.

클럽 헤드가 상박 젖히기에 의해서 임팩트에서 폴로에 걸쳐 확 빠지면 하반신, 예컨대 무릎도 그것에 따르게 된다. 공을 치지 말고 휘두르기만 몇 번이라도 해서 이 느낌을 터득하자.

연습할 때는──

그런데 방법은 이해된 것으로 하고 막상 연습장에서 해보면 아무래도 잘 되지 않는 것 같은 경우는 어떻게 하는가. 한 번이나 두 번의 2백발 3백발 정도의 연습으로 단념하거나 하지 말고 많이 힘써 주기를 바라는 것이 제일이다.

두 번째는 축이 벗어나 있지 않은가를 체크해 주기 바란다. 주로 축이 왼쪽으로 벗어나는 적이 많다. 다운 스윙에서 상체가 깊이 들어오는 그 전형으로 이런 경우에는 임팩트가 거북해지고 클럽이 휘둘러져 빠지지 않는다. 빠지지 않는 데로 손으로 어떻게 하든 빠지게 하려고 들면 슬라이스가 되고, 걸치기도 해 솟은 일타 일타 달라지게 된다. 상박 젖히기 같은 것은 도저히 하지 못한다. 이럴 때는 공을 전력으로 치는 것을 멈추고 가벼운 스윙으로 전환하며 축이 제대로 되어 있는지의 여부를 체크한다. 공은 치지 않는 쪽이 좋다. 드라이버의 연습용 고무 티를 공으로 간주하고 스윙한다.

체크하는 점은 다운 스윙에서 머리를 공의 우측(뒤쪽)에 유지하고, 오른쪽 어깨를 앞으로 내지 않도록 하는 것. 임팩트에서도 머리는 그 위치에서 움직이지 않고 왼손을 멈추도록 한다. 그리고 클럽 헤드가 『상박 젖히기』에 의해 인사이드로 빠지는 것을 확인하는 것이다.

공을 치는 것이면 이런 점을 체크할 수는 없다. 공을 치지 말고 가볍게 클럽을 휘둘러 실제로 클럽이 인사이드로 빠지는 것을 확인한다. "이곳으로 빠지는 것이다" 라고 하는 데를 똑똑히 포착하는 것이다. 머리가 공의 좌측(비구 방향)으로 벗어나면 임팩트는 거북해진다. 즉, 클럽 헤드가 빠지는 실은 없다. 머리를 공의 우측(뒤쪽)에 유지하고, 임팩트에서도 오른쪽 발뒤꿈치를 들지 않는 밀착 발 타법을 잊지 않으면 상박 젖히기도 할 수 있고, 클럽 헤드는 깨끗이 인사이드로 빠지게 된다.

피니시

『상박 젖히기』에 성공하면, 클럽 헤드는 왼쪽 귀의 방향으로 느긋한 호(弧)를 그리고 마지막에는 오른쪽 엉덩이 옆쯤에 자리잡는다. 이것이 피니시로 아무튼 클럽 헤드가 이쯤까지 오도록 되어야 비로소 휘둘러졌다고 할 수 있다. 그것이, 임팩트에서 거북해지거나, 임팩트의 포인트가 뒤져서 상박 젖히기를 하지 못했을

피니시를 취할 수 있는 사람과 그렇지 못한 사람이 있다. 어딘가에 힘이 주어져 있기 때문에, 스윙하는 동안 밸런스를 유지하지 못하고 허물어지는 사람이 많다. 스윙의 밸런스 —— 이것은 스윙의 리듬과도 당연히 깊이 관계하게 된다. 항상 좋은 밸런스에 힘써 주기 바란다.

때는 클럽 헤드는 휘둘러지지 않고, 따라서 피니시도 취할 수 없다. 피니시에서는 체중은 모두 왼쪽 사이드에 얹고, 휘두르고 난 뒤에는 왼발만으로 서도록 한다. 몸은 배꼽이 목표 방향을 향하는 정도로 회전하고 있다. 물론, 여기까지 돌아오지 않으면 왼발만으로 설 수는 없다.

그런데, 피니시의 중요성을 별로 인식하고 있지 않은 골퍼가 많은 것 같아 그 점을 설명해 보고자 한다.

"끝이 좋으면 모두가 좋다."고 흔히들 말하는데, 골프에서도 이 비유는 해당된다. 그 까닭은, 피니시는 그 때에 치는 공의 이미지가 골퍼의 머리 속에 미리 그려지고, 그 이미지대로 타구한 결과의 것이기 때문이다.

즉 다음과 같은 것이다. 두 번째 타구에서 그린을 공략하려고 했더니, 그 그린의 바로 앞에는 벙커가 많고, 통로 같은 건 거의 없었다. 높은 공으로 크게 공략하지 않으면 안 되는 것은 누구나 알 수 있으나 이 때 적절한 클럽을 택한 뒤 타자는 높게 공이 커다란 포물선을 그리고 그린에 캐리(단번에 넘기는 것)로 온(겨냥) 하는 이미지를 그린다. 그러면, 자세도 그 이미지에 따르게 되고, 피니시도 높아지게 된다. 실제로 타구한 뒤, 피니시가 높게 취해지면 그 숏은 이미지대로 타구한 것이 된다. 반대로 어게인스트의 바람이 센 날, 그린의 바로 앞의 통로가 열려 있는 경우의 숏은 어떠한가. 낮은 공으로 통로에서 굴려 얹혀 가게 하는 것이 최상의 방법이라고 모두가 생각한다.

그래서 클럽을 택하고 나면 낮은 공을 치는 것 같은 자세를 만든다. 자세를 취한 손을 공 앞으로 내고 핸드 파스트를 강조한다. 그리고 동시에 피니시의 이미지도 낮게 그린다. 낮은 공으로 통로에 굴려 가는 것이기 때문에 피니시도 낮게 누르도록 한다. 그와 같은 피니시가 취해지면 그 숏은 최초의 이미지대로 타구한 것이 된다. 모든 것이 다 잘 된다고는 할 수 없으나, 피니시란 자신이 그린 이미지대로의 공을 치는 중요한 형 만들기의 하나라는 것을 다시 인식했을 것으로 믿는다.

어떤 힘없는 골퍼라도 여기까지 확실히 스
윙할 수 있으면 비거리도 나오게 될 것이다
물론 정확성에도 현격한 차이가 난다. 날리
려고 하는 나머지 백 스윙에서 힘이 주어지
기보다 이와 같이 밸런스를 유지하면서 하
는 스윙을 힘쓰는 쪽이 거리도 나오고 방향
도 좋아진다.

피니시는 타구해야 하는 공의 이미지에 따라서도 달라진다. 예컨대 높은 공을 칠 때는 피니시도 높아진다. 반대로 어게인스트 등에서 공을 낮게 누르도록 할 때는 피니시도 낮아진다.

하이피니쉬 이미지로 샷을 하자

  T. 와트슨은 무엇이 겁날 것 있느냐고 하며, 바로 앞의 나무를 별안간 높이 아무렇지도 않게 넘어가는 것 같은 공을 친다. 그 높은 공의 위력이란 일반 골퍼이면 도저히 흉내도 내지 못한다. 그러면 어째서 그런 믿을 수 없는 것 같은 높은 공을 칠 수 있느냐 하면, 그 비밀은 우리보다 훨씬 긴 팔과, 그것을 마음껏

  다운 스윙에서 오른쪽 어깨로부터 같이 들어오면 임팩트가 거북해진다. 임팩트에서 거북해지면 그림과 같은 자세에서는 공을 히트시킬 수가 없다. 특히 드라이버 같은 것에서는 공의 뒤에 머리를 남길 필요가 있다. 그리고 클럽 헤드를 충분히 휘둘러 준다.

이용한 하이 피니시에 있다.

따라서, 피니시를 취하지 못하게 되면, 어떤 공을 이미지 했는지 모르나, 그 대로의 공을 치지 못했을 가능성이 강하다. 통상은, 높은 피니시를 이미지하고 공을 치면 된다. 높은 피니시는 클럽 헤드를 시원시원히, 느긋느긋하게 휘두른 결과 얻어진 것으로, 이미 어드레스에 들어갈 때부터, '높은 피니시를 취하자' 라고 마음먹고 다운 스윙에서는 단숨에 이 피니시로 가져가는 연습을 하면 몸쪽도 상당히 움직여 준다.

이 '결의'를 솟하기 전에 가지는 것과 가지 못하는 것은 차이가 상당히 있다. 결의를 가지고 휘두르고 나면 높은 피니시를 취하기 쉬우나, 피니시에 대한 것은 전혀 생각지 않고 타구하면, 거기까지 휘둘러내지 못할 경우가 많다.

자기로서는 피니시를 취했다는 생각을 하고 있어도 배꼽이 목표 방향을 취하기까지는 몸이 돌아가 있지 않는 등 그 좋은 예이다. 그런데 아이언, 특히 쇼트 아이언이 되면 피니시도 등 에 감겨들 만큼은 취하지 않게 된다. 보다 정 확성을 기하기 위해서 백 스윙을 작게 한다. 이 에 따라, 피니시도 작아진다. 백 스윙과 같은 만큼의 피니시밖에 취하지 않는다.

피니시에서는 또 하나, 왼발에 주의해 주기 바란다. 체중이 모두 왼발에만 얹혀 있는 점 은 이미 언급했지만, 어드레스 때 발 끝의 위 치가 임팩트나 그 직후까지 바뀌면 안 되는 데 도, 그 때 아마추어의 발끝은 이미 목표를 향해 있는 적이 많다. 이렇게 되면 몸이 완전히 열려 버리고, 슬라이스도 나온다. 어드레스에서 조금 열려 있는 왼발의 발끝을 피니시까지 그 위치에서 견디어 주기 바란다.

《이 점이 문제》

연습장에서, 피니시 같은 것은 생각지 않고 타구하고 있는 골퍼를 보는 것은 조금도 드물지 않다. 하물며, 코스에서 피니시의 이미지 같은 것은 전혀 가지지 않고 라운드하고 있는 골퍼는 90%는 족히 될 것이다. 코스에서 일타할 때마다 피니시가 취해지고 있는 골퍼는, 역시 핸디도 그만큼 좋다. 10대의 낮은 사람이거나 싱글이다. 이것은 말할 것도 없이 스윙이 좋다는 것이 우선인데, 그밖에 자신이 공을 제대로 의식하여서 타구하고 있기 때문이기도 하다.

골프를 시작했을 때부터 '사실상 피니시가 정확히 자리잡는 것 같은 스윙 만들기를 레슨 프로나 싱글의 사람으로부터 가르침을 받는 것이 제일 좋다. 그러나, 대부분의 골퍼는 자기 식이고, 이따금 프로에게서 가르침을 받아도 너무나 느낌이 달라 끈기가 이어지지 않고 다시 바로 자신의 익숙한 스윙으로 되돌아가고 마는 예가 허다하다. 그래서, 이것을 계기로 피니시를 취할 수 있는 스윙, 피니시의 형을 이미지한 스윙을 습득하기 바란다.

그런데 개중에는 마음을 단단히 먹고 연습장에 나갔으나, 막상 하려고 해도 좀처럼 피니시를 취할 수가 없다. 아무튼 왼발만으로 서는 것이 지극히 어려운 노릇이다. 겨우 섰는가 하고 생각할 틈도 없이, 곧바로 자세가 흐트러진다——고 하는 형편이라, 제대로 되지 않은 골퍼도 있을 것이다. 그래서 피니시를 제대로

몇 발을 타구해도 피니시를 취하지 못하는 골퍼는, 물론 스윙의 어딘가에서 밸런스를 흐트리기 때문이다. 공에 클럽 헤드를 맞추는 것이 아니라, 밸런스가 잡힌 스윙 동안의 한점이 공을 포착한다는 감각도 필요한 것은 아닐까?

취할 수 없을 경우에는 어떻게 하면 좋은지, 어디를 체크해야 하는지 알아보기로 하자. 원인은 분명한데, 체중이 왼발에 얹혀 있지 않기 때문이다. 특히 드라이버 같은 긴 클럽이 될수록, 그 경향은 현저해진다.

공통적인 것은 백 스윙이 좋지 않다는 점이다. 왼쪽 어깨가 충분히 돌아가 있지 않고 공 쪽으로 깊이 들어가 있는 점이다. 백 스윙이 이 상태이면 체중은 왼발에 얹혀 있다. 여기에서 다운 스윙을 시작하면 임팩트는 완전히 거북해지고 만다. 왼쪽 어깨가 공 쪽으로 깊이 들어가 있는 것이니 클럽 헤드가 빠져 나갈 방법이 없다.

그래서 다운 스윙에서 임팩트에 걸쳐 타자는 왼쪽 어깨를 들고, 왼쪽 사이드를 열며 필사적으로 클럽이 빠져 나갈 방법을 찾는다. 이 때는 왼쪽 무릎도 뻗고, 왼발의 발뒤꿈치도 들린다. 왼쪽 사이드를 열면서, 밑으로부터 떠 올리듯이 클럽을 휘두르는 것이기 때문에, 그 반동으로 체중은 왼발에서 오른발로 옮아 간다. 정반대의 동작을 하는 것이기 때문에 피니시가 취해질 턱이 없다.

백 스윙이 그저 그런대로더라도, 다운 스윙에서 서둘러 타구하려고 하는 나머지, 오른쪽 어깨가 앞으로 나오면, 결과적으로 피니시는 취하기 힘들다. 오른쪽 어깨가 앞으로 나오면 아웃사이드 인에 클럽이 들어온다. 역시 임팩트가 거북해진다. 그 때문에, 타자는 왼쪽 팔꿈치를 끌어당기고, 클럽이 빠져 나갈 방법을 찾는다. 왼쪽 팔꿈치를 끌어당기면서 클럽 헤드를 지나가게 한 뒤에는 아무리 하여도 반동으로 체중은 오른쪽으로 가버린다.

그러나, 다운 스윙에서 오른쪽 어깨가 앞으로 나오는 것도, 태반은 백 스윙에서의 왼쪽 어깨 돌리기가 불충분한 데서 생기는 것이기 때문이다. 역시 스윙은 왼쪽 어깨를 확실히 돌리는 데서부터 시작하지 않으면 안 된다. 백 스윙에서 왼쪽 어깨가 충분히 돌아가면 체중도 자연히 오른발에 얹히게 된다. 그렇게 되면, 다운 스윙 이후, 왼발로 체중을 옮기는 것은 그렇게 곤란한 일은 아니다.

이 일련의 스윙을 보고, 몸을 충분히 이용해서 타구하고 있는 것으로 느끼거나 혹은 클럽 헤드를 스무스하게 휘두르기 위해서 몸이 움직인다고 보거나 견해는 여러 가지가 있다고 생각한다.

　물론, 어느 쪽의 견해도 옳은 것이지만, 아마
추어의 입장에서 보면 클럽 헤드를 휘두르기
위해 몸도 이와 같이 제대로 움직여진다고 생
각해 주기 바란다.
　클럽 헤드를 휘두르지 못하고 임팩트에서 몸
이 열려 있는 사람이 많은데 이 점은 각별히 강
조해 두고 싶다.

마찬가지로 비구 방향에서 본 스윙에 대
해서도 말할 수 있다. 왼쪽에서 두 번째
그림까지 오면 이어 클럽 헤드가 몸의 정
면을 휙 뻗어 빠져나갈 뿐이다.
　이상하게 몸을 놀리거나 하지 않는다. 그
렇게 하지 않아도 다음 그림을 보면 클럽
헤드의 휘두르기에 호응하듯이 오른쪽 무
릎이 왼쪽 무릎 쪽으로 밀려들어가고, 하
반신을 충분히 놀리고 있음을 알 수 있다.

근본적인 것이 되는데, 어드레스 때 오
른쪽 그립에 지나치게 힘을 주면 스윙
의 밸런스가 흐트러지기 쉬우므로 조심
하자.

타이밍

　끝으로 타이밍에 대해서 언급해 보기로 하자. 필자가 스윙에서 중요하다고
생각하는 것은 세 가지가 있다고 말했다. 그립, 자세, 그리고 타이밍이다.
　이것은 골프를 갓 시작한 사람은 아직 실제 문제로서 알기 힘들지도 모른다.
그러나, 조금씩 경험을 거듭함에 따라 타이밍을 맞춰 휘두르는 것과, 휘두르지

못하는 것은 숏에 큰 차가 나오는 걸 알게 된다. 비근한 예로는 야구가 있다. 타격 본래의 기술에 플러스, 타이밍이 있다. 타이밍이 잘 맞으면 약간의 스피드 볼이나 날카로운 변화구(変化球)도 칠 수 있게 된다.

골프 스윙의 타이밍은 스스로 발견해 가는 것이다. 스윙은 사람마다 제각기 다르다. 빠른 타이밍으로 타구하는 사람, 느긋한 타이밍으로 타구하는 사람 등 여러 가지이다. 어느 쪽이 좋으냐고 묻게 되면 느긋한 타이밍이 좋다고 대답한다. 무슨 일이나 빠른 것보다 느긋한 쪽이 흔들림이 적고 정확히 하기가 쉽다. 다만, 그것도 어느 정도이고, 지나치게 느긋하면 반대로 타이밍이 허물어져 깡그리 무너져 버리고 만다. 그리고 힘을 주어서는 안 된다. 힘을 주게 되면 타이밍은 빨라진다. 중요한 것은 타이밍을 지키는 것, 허물지 않는 것이다. 18홀의 라운드를 하는 것으로 하고, 과장해서 말하자면 전날부터 타이밍을 허물지 않도록 하는 것이다. 준비는 밤에 끝낸다.

과음하지 말고, 적당한 시간에 잠자리에 든다. 아침은 좀 일찍 일어나고, 느긋한 기분으로 아침 식사를 한다. 승용차도, 겨울이면 좀 일찌감치 엔진을 따뜻하게 한다. 무슨 일이나 앞질러 착수한다. 지체되는 곳의 시간을 미리 계산에 넣고 집을 일찌감치 나선다. 너무 빨리 달릴 필요는 없다. 80킬로로 고속을 달려 코스에도 일찌감치 당도한다. 거기에서 스타트까지 연습장에서의 각 숏, 그린 위에서의 퍼팅 연습도 적은 수도 좋으니 정성스럽게 한다.

이런 것을 거듭하고서야 비로소 자신의 타이밍을 유지하게 되는 법이다. 허둥대고 집을 나서서 맹렬한 스피드로 코스로, 스타트까지 약간의 시간이 있다고 해서 연습장으로 뛰어가 한 차례의 타구. 본인은 대강의 일은 했다는 생각일테지만, 이것이면 하지 않는 편이 좋을 정도이다. 이것으로, 막상 스타트하고, 느긋한 타이밍으로 스윙을 하면, 라운드를 진행해 간다는 것은 도저히 불가능한 일이다. 어드레스로 들어가는 방식에도 타이밍이 있다는 것을 상기해 주기 바란다. 티 업한 뒤 공의 뒤쪽에 서서 목표를 확인하고, 조용히 어드레스에 들어간다. 어느 숏에서도 이것과 똑같은 일이 똑같은 타이밍으로 되풀이된다.

117

어드레스에 들어가는 시간, 들어가고 타구하기까지의 시간, 스윙 자체의 시간——
——이것이 어느 숏을 치는 것이라도 같으면 타이밍은 흐트러지지 않는다.
　타이밍이 흐트러지는 것은 앞에서 말한 것처럼 어딘가에 힘이 주어져 빨라지는
때문이다. 특히 아침의 이른 시간의 스타트에서는 몸이 풀리지 않을 때도 있어,
어딘가에 불필요한 힘이 주어지고 타이밍을 놓칠 적이 많다. 스윙의 여기 저기를
체크하는 일은 말할 것도 없이 필요하나, 타이밍이 빨라지고 있지 않은지, 빨
라지고 있으면 어디에 힘이 주어져 그렇게 되었는지——항상 확인하는 자세가
바람직하다. 그린 돌기의 종반전에서도 티 그라운드와 마찬가지로 알맞은 타
이밍은 필요하다. 항상 알맞은 타이밍으로 타구할 수 있도록 힘쓰는 자세가,
좋은 숏에 이어진다는 것을 잊지 말아 주기 바란다.

타이밍은 사람에 따라서 다르지만, 빠른 것보
다는 느긋한 쪽이 취하기 쉽다. 그래서 항상 문
제가 되는 것은 백 스윙. 톱 오브 스윙이 이와
같이 확실해지자면 나름대로의 '굿 타이밍' '굿
템포' 가 필요하다.

키 포인트는 왼쪽 어깨에서
백 스윙을 시작하는 일이다.
왼쪽 어깨가 돌아가면 왼쪽
허리, 왼쪽 무릎도 함께 따라
서 돌아가고, 왼쪽 발뒤꿈치
도 자연히 들려지게 된다.
　타이밍을 취하기 쉬워지는
것이다.

다운 스윙도 마찬가지이다. 클럽을 빠른
스윙으로 휘두르려고 하면 갑자기 타이밍이
어긋나 정확하게 공을 포착할 수가 없다.
클럽 헤드의 스피드는, 알맞은 타이밍으

로 휘두르는 것을 힘씀으로써 비로소 나
오게 되는 법이다. 그러기 위해서는 어드
레스에서 오른쪽의 그립(리스트도)을 딱딱
하게 하지 않도록 할 것. 왼쪽 어깨에서
백 스윙을 시작해서 왼쪽 어깨가 오른쪽
어깨 쪽으로 오기까지 돌아가게 할 것. 다
운스윙은 왼쪽 허리를 자르듯이 리드하면
서 시작하면 타이밍을 유지하기가 쉽다.

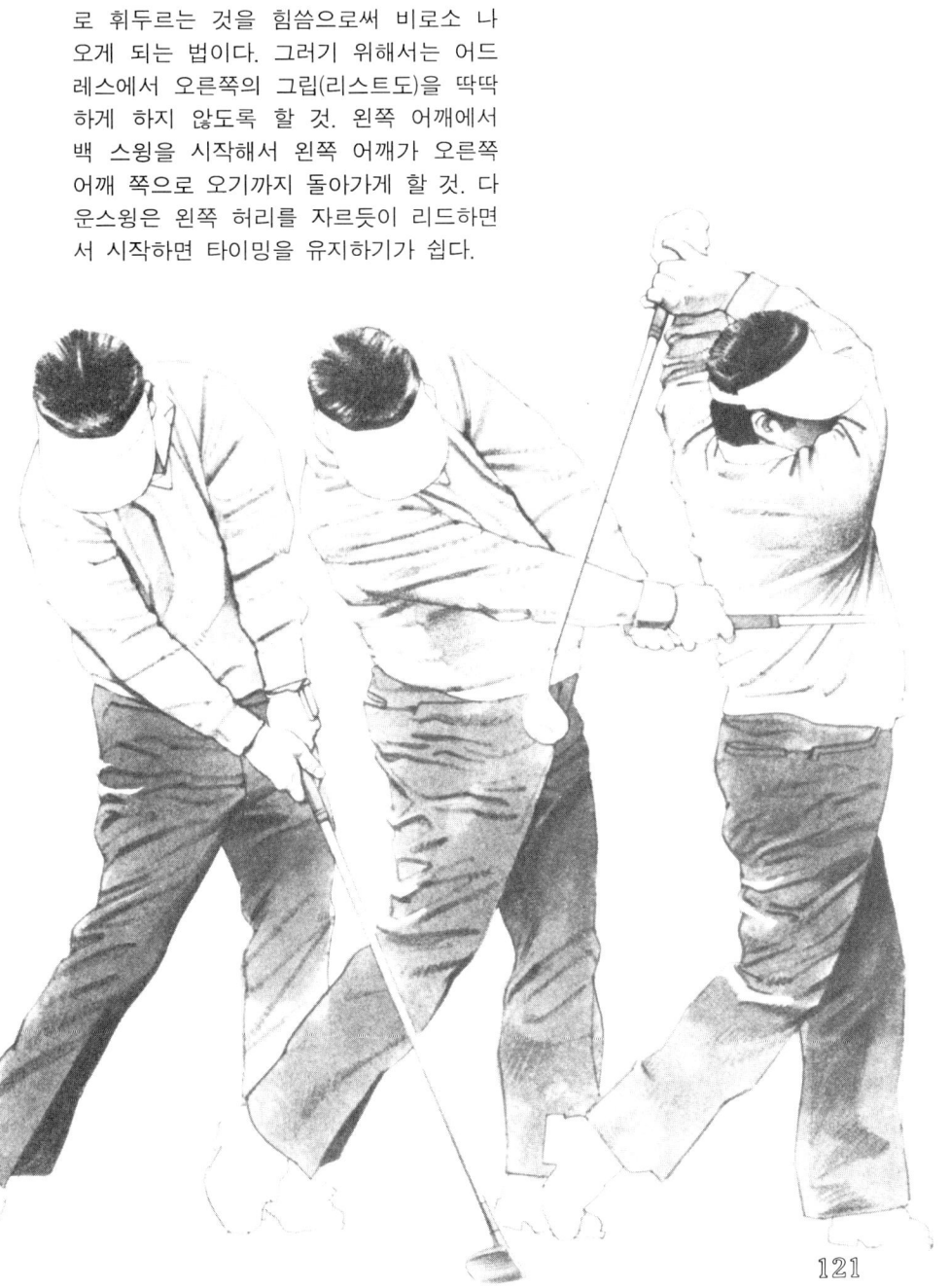

121

좋은 폼을 등 쪽에서 본다는 것은 별로 눈에 익은 일이 아닌 만큼, 때로는 신선하게 비치는 법이다.

예컨대 왼쪽에서 두 번째 그림을 보면 왼쪽 어깨가 얼마나 스무스하게 돌아가 있는지 잘 알게 된다. 어드레스에서 자연스러운 움직임으로 전혀 무리없이 오른쪽 어깨 쪽까지 돌아가 있다. 그리고, 왼쪽 무릎이 오른쪽 무릎 쪽으로 다가서게 한 왼쪽 발뒤꿈치도 들려 있다.

타이밍

　이 자세가 되고, 다음에 오른쪽에
서 두 번째 그림을 보기로 하자. 클
럽 헤드는 이러한 형으로 스피드 넘
치게 휘둘러지게 되는 것이다.

　어드레스에 들어가기까지, 그리고 어
드레스에 들어가고서 테이크 백까지, 자
신의 일정한 타이밍이나 리듬을 가지는
것이 중요하다. 어느 경우에는 어드레스
가 길어지고, 그 사이에 두 팔이 경직해
버린다.

　또, 반대로 어드레스에 들어가기 전
에 테이크 백을 해버린다. 어느 경우도
타이밍을 스스로 어긋나게 하고 숏을
망치지 않도록 하자.

왼쪽 어깨에서 테이크 백을 시작하게 되면, 스윙이 빨라지게 되는 대부분의 아마추어의 결점은 시정된다.

문제는, 공에서 눈이 좀 멀어지는 것을 두려워하지 말고 크게 왼쪽 어깨를 돌려주는 일이다. 왼쪽 어깨의 돌기가 불충분하면 다운 스윙이 빨라지게 되고, 이 시점에서 타이밍은 흐트러진다. 컨디션이 나빠지는 것에 따라 타이밍이 빨라지는 것은 프로도 아마도 마찬가지이다.

다운 스윙에서 왼쪽 허리를 자르듯이 리드해 가면, 클럽은 알맞게 휘둘러져서 빠진다. 헤드 스피드도 빨라지고 그림 ② (왼쪽에서 두 번째)에서 ③ (세번째)으로 휙 클럽이 나온다.

타구하는 포인트가 뒤지면, 임팩트가 거북해져 이렇게는 클럽 헤드가 뻗지 않는다. 이 이미지를 좋은 템포로 살려 보자.

부　록

에 티 켓

○ **코스에서의 예의**
- 오너인 플레이어는 상대방 또는 동반경기자가 볼을 티 업하기 전에 플레이하는 권리가 인정된다.
- 플레이어가 볼에 어드레스하거나, 볼을 치고 있는 동안은 다른 사람은 움직이거나, 말을 하거나, 볼 또는 홀의 근처나 플레이의 선의 전후에 서서는 안 된다.
- 플레이어는 모든 사람을 위하여 지체없이 플레이하여야 한다.
- 전방의 사람이 볼이 도달할 수 있는 거리 밖으로 나갈 때까지는 볼을 쳐서는 안 된다.
- 볼을 찾다가 쉽게 찾지 못할 것 같으면 곧 후속조에게 통과하도록 신호하여야 하며 5분 이상 찾아 본 후에 하여서는 안 된다. 후속조가 통과하여 볼이 도달할 수 있는 거리 밖으로 나갈 때까지는 플레이를 일시 중지하여야 한다.
- 한 홀의 플레이가 끝나면 플레이어는 즉시 퍼팅 그린에서 나와야 한다.

○ **코스의 선행권**
- 따로 정하지 않는 한 2구로 플레이하는 조는 3구 또는 4구의 조를 패스할 권리를 가진다.
- 단독의 플레이어는 코스를 점거할 자격이 없으며 어떠한 종류의 매치에도 양보하여야 한다.
- 1라운드보다 짧은 라운드를 하는 매치는 1라운드 전부를 플레이하는 매치를 패스시켜야 한다.
- 플레이의 진행이 늦어져 앞 조와의 사이에 1홀 이상의 간격이 생긴 때에는 후속조를 패스시켜야 한다.

○ **코스의 보호**

• 플레이어는 벙커를 나오기 전에 자기가 만든 구멍이나 발자국을 모두 평탄하게 고쳐 놓아야 한다.

• 플레이어는 드루 더 그린에서 뜯겨진 잔디를 즉시 제자리에 놓고 밟아 놓아야 하며 볼로 상처를 입힌 퍼팅 그린을 세심히 고쳐 놓아야 한다. 골프 신발의 스파이크에 의한 퍼팅 그린 위의 손상은 그 홀이 끝난 다음에 수리해 두어야 한다.

• 플레이어는 백 또는 깃대를 놓을 때 퍼팅 그린을 상하지 않게 주의하며 플레이어나 캐디가 홀의 가까이에 설 때, 또는 깃대를 빼거나 꽂을 때와 볼을 홀에서 집어낼 때 홀이 상하지 않도록 조심하여야 하며, 퍼팅 그린을 떠나기 전에 깃대를 홀의 중심에 바르게 세워 두어야 한다. 특히 홀에서 볼을 집어 올릴 때는 퍼트를 집고서 퍼팅 그린을 상하게 하여서는 안 된다.

룰 의 지 식

○ 티 업할 수 있는 범위

티 그라운드에서는, 티 업할 수 있는 장소가 명확히 정해져 있다. 2개의 티 마크를 잇는 선을 전방의 1변(邊)으로 삼고, 안 깊이는 2개의 클럽 길이다.

그 이외의 장소에 티 업한 경우, 스트로크 플레이에서는, 올바른 장소로부터 다시 치지 않으면 안 된다. 다시 치기는 제2타째가 된다. 매치 플레이에서는, 상대의 플레이어로부터 다시 치기를 요구 받았을 때, 그에 따르지 않으면 안 된다. 그 경우, 벌타(罰打)는 없다.

○ 치는 차례를 틀리지 않게 한다

스코어가 좋은 차례로 쳐나가는 것이 원칙이다. 만일 그 순번을 그르쳤을 때 매치 플레이에서는, 상대의 요구가 있을 때만 페널티 없이 다시 치지 않으면 안 된다.

스트로크 플레이에서는, 그대로 플레이를 계속해 나간다. 즉, 그 공은 인 플레이의 상태가 되어 버린다. 그 경우 벌타는 없지만, 에티켓 위반은 면할 수 없다.

○ 사용 클럽은 14대까지

플레이에 사용할 수 있는 클럽의 갯수는 14대다. 15대로 플레이한 경우에는 위반 행위가 된다. 위반한 경우 스트로크 플레이에서는 2 페널티가 붙는다. 그러나 라운드 중 4타 이상의 페널티는 붙지 않는다. 매치 플레이에서는 그 홀을 지는 것이다. 단 1라운드에 2홀 이상의 페널티는 붙지 않는다.

10개의 클럽으로 스타트한 때와 같은 때, 14대까지는 보충할 수 있다. 그러나 그 때문에 플레이를 부당하게 지연시켜서는 안 된다.

○ 사용 클럽을 묻는 것도 가르쳐 주는 것도 안 된다

"지금 몇 번 클럽으로 쳤느냐?"라는 질문을 하면 당장 위반이다. 남에게 어드바이스를 주거나 받거나 해서는 안 된다. 자기의 캐디에게 묻든가, 파트너에게 묻든가, 그렇지 않으면 자기 자신이 사용하는 클럽을 정해 나가지 않으면 안 된다. 또, 상대가 회사의 사장이라고 해서 양산을 받아준다든가 하는 것도, 물리적인 원조로 간주되어 마찬가지로 위반이다. 받아준 양산 밑에서 플레이를 한 사장, 또는 사용 클럽을 물어본 플레이어, 거기에 응답한 사람에게도 각각 2 페널티가 붙는다.

○ 타인의 클럽을 빌리면 안 된다

남의 클럽을 빌리는 것은 위반이다. 그 경우, 플레이어에게는 2 페널티가 붙는다.

그러나 캐디가 실수로 타인의 클럽을 그 플레이어에게 넘기고, 모르고 그대로 칠 때와 같은 경우에는 벌타는 없다.

○ 플레이 중에 연습삼아 숏해서는 안 된다

일단 그 홀을 스타트 하면 어떠한 연습도 해서는 안 된다. 가령, 연습장으로부터 뛰어 들어온 볼을 무심코 숏하면, 연습 스트로크로 간주되어 매치 플레이에서는 그 홀을 지고, 스트로크 플레이에서는 2 페널티다.

또, 홀 아웃 직후의 그린 상에서 연습 퍼트하는 것은 무방하다.

○ 일단 볼을 치면 손대는 것은 금물

코스에 따라서는 로컬 룰로 6 인치라든가 1 클럽이라든가의 플레이스를 인정하고 있는 데도 있으나, 원칙적으로 일단 친 볼은 인 플레이의 상태가 되고, 규칙상 허용되지 않는 한 손을 대어서는 안 된다. 그대로의 상태에서 나가는 것이다.

이에 위반하면 2 페널티가 붙는다. 매치 플레이는 그 홀을 진다.

○ 볼을 찾지 못할 때

룰로 정해진 5 분 안에 볼을 찾지 못할 때는 로스트 볼이 된다. 이 경우도 OB와 마찬가지로 1 페널티를 물고 볼을 친 원위치에 돌아와서 친다.

볼이 명백히 나무 위에 앉아 버린 경우도, 볼의 정체가 전혀 보이지 않는 것이면 로스트 볼로 칠 수밖에 없다. 또, 볼이 발견되기 전이라면, 플레이어는 그것을 분실한 것으로 포기할 수 있다. 좀처럼 찾을 것 같지 않다고 보면, 처음부터 찾지 않고 로스트 볼로 처리할 수 있다.

○ 아무리 해도 그대로의 상태로는 칠 수 없을 때

볼이 나무 뿌리에 깊이 박혔다고 가정했을 때, 그대로 친다는 것은 거의 불가능하다. 그런 때 플레이어는 "이것은 좀처럼 칠 수 없다"고 하여 플레이 불능의 선언을 하고 언플레이어블로 칠 수가 있다.

그때의 처치는 ① 다시 원위치로 돌아와서 친다. ② 홀에 접근하지 않고 클럽 2대 길이 이내에 드롭한다. ③ 홀과 그 볼을 잇는 라인 상에서 볼이 있었던 전위치의 후방이면 어느 장소라도 드롭할 수 있다.

단, 벙커 내에서 언플레이어블로 했을 때는 원위치에 돌아와서 치든가, ②, ③과 같은 방법으로 반드시 벙커 내에 드롭하지 않으면 안 된다. 페널티는 어느쪽이나 1 스트로크다.

○ 잠정구(프로비저널 볼)를 칠 때

아무래도 OB 기미라든가, 로스트 볼이 될 것만 같은 때는, 미리 잠정구를 치도록 하는 것이 좋다. 무엇보다 플레이가 스피디해지고 플레이어 본인도 일부러 원위치에 돌아오는 절차가 생략된다. 이 습관은 꼭 붙이는 것이 바람직하다. 잠정구를 칠 때는, 상대에게 그 뜻을 선언하도록 한다.

○ 볼 처리에 자신이 없을 때

그런 때는, 인플레이의 볼을 그대로 쳐나감과 동시에, 또 1 개 볼을 드롭해서 쳐나간다. 그러나 볼을 2 개 칠 수 있는 것은 스트로크 플레이에 한한다.

○ 누구의 볼인지 모를 경우

깊은 러프 속이나 볼이 흙투성이가 되어 있을 때, 자기의 볼인지 아닌지를 확인하기 위해서 주어 올려도 되고 볼을 닦아도 된다. 그러나 그 장소에 다른 플레이어가 입회하지 않으면 안 된다.

볼을 닦는다고는 하지만, 분별하기에 필요한 최소한도내에서 허용되는 것이다.

○ 깃대에 볼을 맞히면

깃대에 볼을 맞히면 2 페널티가 붙는다. 물론 그린 밖에서 친 볼이 깃대에 맞은 때는 페널티가 없다. 매치 플레이에서는 2 홀을 진다.

○ 벙커에서 솔을 모래에 대지 못한다

벙커에서는 클럽 헤드의 솔을 띄워서 어드레스하지 않으면 안 된다. 숏하기 전에 솔을 모래에 대면 2 페널티를 뜯긴다. 모래의 면을 테스트했다고 간주되기 때문이다. 매치 플레이에서는 2 홀을 진다.

○ 흠이나 금이 간 볼은 바꿀수 있는가

볼에 흠이 나든가, 금이 크게 나서 사용에 적합하지 않을 때, 그 볼이 현재 플레이하고 있는 홀에서 생긴 흠이라면 다른 볼과 바꿀 수 있다. 그 경우, 다른 플레이어의 입회를 받지 않으면 안 된다. 다른 홀에서 흠이 난 볼을 계속 사용하고 있는 것과 같은 경우에는 바꾸지 못한다.

○ 벙커에서 남의 공을 치면

벙커 속에서는 남의 공을 실수로 치고 다시 자기의 공을 치면 페널티는 붙지 않는다. 실수로 친 남의 볼은 원위치에 리플레이스 한다.

○ 워터 해저드에 볼이 떨어지면

방법은 2가지가 있다. ① 워터 해저드의 후방에서 볼이 경계선을 최후로 넘는 점과 홀을 잇는 직선상에 드롭한다. 그 선상이라면 드롭하는 장소는 워터 해저드로부터 얼마나 뒤라도 무방하다. ② 그 볼을 플레이한 원위치로 돌아와서 친다. 어느 경우든 1 페널티를 가산하여 쳐나간다.

○ 벙커 내의 발자국을 고르거나, 낙엽을 줍는 행위는 안 된다

가령 벙커 내에 발자국이 있어서, 치기 어렵다고 생각되어도 타구 전에 그 발자국을 골라서는 안 되게 되어 있다.

따라서 행위에는 2 페널티가 붙는다. 매치 플레이에서는 그 홀을 잃게 된다. 물론 벙커로부터 볼을 꺼낸 뒤는, 발자국을 말끔히 골라 놓지 않으면 안 된다.

또한, 벙커 속에 조약돌이나 나뭇가지, 새똥, 또는 낙엽이 있어서, 그것이 방해가 된다고 해서 제거하면 2 페널티를 먹는다. 이러한 것들을 골프 용어로는 루스 임페디먼트라 한다. 해저드 이외의 곳, 가령 페어 웨이 등에서 루스 임페디먼트를 제거하는 것은 무방하다.

○ 그린 위에서는 볼을 닦아도 된다

그린 위에서는 오른손으로 볼을 주워 올려서 닦아도 된다. 닦은 볼은 전의 위치에 정확히 리플레이스한다.

그러나 그린 위에서 볼을 굴린다거나, 또는 그린 면을 비빈다거나, 쥐어 뜯는다거나하면, 그린 위의 테스트로 간주되어 2 페널티를 당한다.

○ 그린 위에서 남의 공을 맞혔을 때

양쪽 볼이 그린 위에 있고, 한쪽 플레이어가 남의 볼에 댔을 때는 그 플레이어는 2 페널티가 붙는다. 얻어 맞은 사람의 볼은 원위치에 리플레이스하면 된다.

○ 볼이 자기에게 맞았을 때

볼을 쳤더니 앞에 있는 나무에 맞아 튀어 되돌아와 자기에게 맞아 버렸다. 그런 경우에는 어떤 처치를 하면 되는가. 2 페널티를 빼앗긴다. 자기에게 맞은 때만이 아니라, 자기의 캐디나 가진 물건에 맞은 때도 페널티가 붙는다. 매치 플레이를 하고 있을 때는 그 홀은 진다.

○ 볼이 다른 덫에 맞았을 때

가령 볼이 크게 굽어 이웃 홀에 뛰어들어, 캐디 카트에 맞았다고 하자. 그 경우, 튀어 돌아와 이쪽의 페어 웨이로 되돌아 왔다고 해도, 그대로 제 2 타를 쳐나가면 된다.

○ 티 업한 볼이 떨어진 경우

이때, 그 공은 아직 인 플레이의 상태는 아니므로 다시 티 업해도 된다. 물론 페널티는 붙지 않는다. 떨어진 볼을 그대로 쳐나갈 수도 있지만, 룰이 허용하고 있으므로 굳이 그와 같은 불리한 조건하에서 플레이할 것은 없다.

○ OB 했을 때

OB 선에 볼을 쳐넣으면 그것이 티 숏인 경우에는 다음의 숏은 제 3 타째가 된다. 반드시 볼을 친 원위치이든가, 그 위치에 가까운 장소에서 쳐나가지 않으면 안 된다. 흔히 원위치는 돌아가지 않고, OB했다고 생각되는 장소에서 쳐나가는 사람이 있는데, 이것은 실격이다.

용어 해설

(ㄱ)

갤러리(Gallery) 경기를 구경하는 사람들.

고정물(固定物) OB의 말뚝과 같이 코스에 자연히 생긴 것.

그라스 벙커(Grass Bunker) 모래가 아닌 풀을 키워 놓은 벙커.

그로스(Gross) 라운드의 총 타수.

그라운드 어드레스(Ground Address) 클럽 헤드의 낮은 부분이 땅 위를 스치는 것을 가리킴.

그라운드 언더 리페어(Ground Under Repair) 수리한 땅을 가리킴. 이것은 코스의 일부이며, 소관 위원이 수리지(修理地)라고 지정한 곳. 또한 권리를 부여받은 자가 수리지라고 선언한 곳을 말함.

그린 피(Green Fee) 코스의 사용료.

그립(Grip) 클럽의 손잡이이며 손으로 잡는 부분을 말하는 경우도 있으나, 클럽을 쥐는 방법을 보통 말함.

(ㄴ)

나인틴스 홀(Nineteenth Hole) 18홀의 1게임을 끝내고 쉬는 장소.

나소(Nassau) 매치 플레이에서 18홀을 한번 플레이하는 동안에 두 번 이기는 경기 방법. 전반 9홀, 후반 9홀 그리고 처음부터 마지막 18홀의 3구분으로 승부를 한다.

내추럴 골퍼(Natural Golfer) 태어나면서 선천적으로 골퍼의 소질을 지닌 플레이어.

내추럴 그립(Natural Grip) 클럽을 손가락 전부를 사용하여 쥐는 방법.

네크(Neck) 클럽 헤드가 샤프트와 접촉되는 부분.

네트(Net) 1라운드의 타수의 총합계(크로스)에서 핸디캡을 빼버린 수. 네트 스코어라고도 한다.

노 리턴(No Return) 플레이어가 경기를 기권 또는 파기하여 카드를 제출하지 않는 것을 말함.

138

노즈(Nose) 클럽 헤드의 끝 부분.

니블릭(Niblick) 9번 아이언.

니 액션(Knee Action) 스윙할 때 무릎의 움직임.

(ㄷ)

다운(Down) 지니고 있는 스트로크의 수, 또는 볼의 숫자.

다운 블로(Down Blow) 클럽을 휘둘러 내리는 동작을 가리킴.

다운 스윙(Down Swing) 백 스윙에서 톱으로부터 임팩트까지의 과정.

다운힐 라이(Downhill Lie) 내리막길 경사면에 볼이 멈추어져 있는 것을 말한다.

다이너마이트(Dynamite) 니블릭의 변형된 9번 아이언을 가리킴. 밑부분이 두텁고 무겁다. 벙커에 떨어진 볼을 모래를 쳐서 날리는, 말하자면 익스플로전 숏용으로 사용된다.

다이렉트(Direct) 목표물에 직각으로 타구하는 것.

더블 보기(Double Bogey) 2홀의 기준 타수보다 2타수 많은 스코어로 홀 아웃하는 것.

더킹(Ducking) 날아가는 볼이 갑자기 낙하하는 것을 말한다.

더프(Duff) 실패하여 볼의 비로 앞 땅바닥을 치는 것을 말함.

데드(Dead) 낙하 지점에서 볼이 구르지 않고 멈추는 것.

도그 렉(Dog Leg) 코스가 오른쪽이나 왼쪽으로 굽어져 있는 경우

도미(Dormie) 홀 매치일 경우, 이긴 홀 수와 남은 홀의 수가 같을 때를 말함.

드라이버(Driver) 우드(목제 클럽)의 제 1번을 가리킴. 드라이버로 치는 볼을 드라이빙이라고도 말한다.

드라이빙 콘테스트(Driving Contest) 드라이버의 거리를 다투는 경기.

드로(Draw) 가벼운 훅성의 숏으로 특히 도그 렉인 홀의 페어 웨이 우드에 사용한다.

드롭(Drop) 볼을 띄워 넣는 벙커나 웅덩이를 말함. 홀 인차기까지는 손을 댈 수 없으나, 웅덩이나 연못 등에 빠진 공을 규칙에 의해 주위 올려 공의 위치를 이동할 수 있다.

디봇(Divot) 타구 때 클럽 헤드에 의해 뜯겨진 잔디 조각.

디센딩 블로(Descending Blow) 클럽을 휘둘러 내리는 것.

딤플(Dimple) 골프 공 표면의 요철을 말하는데 타구 때, 보다 멀리 가는 데 작용하는 것으로 증명되었다.

(ㄹ)

라운드(Round) 코스를 일주하며 플레이하는 것. 원 라운드는 1 코스(18홀)을 일주할 때를 말하며, 하프 라운드는 반코스(9홀)를 일주할 때 쓰는 말이다.

라이(Lie) 클럽 헤드의 밑바닥을 땅위에 세우고, 클럽 샤프트와 수평면 사이에 이루어진 각도를 가리킴. 또한 타구의 정지 상태를 가리킴.

라이크(Like) 두 사람의 플레이플의 스트로크 수가 같은 경우.

라인 오브 풋(Line Of Put) 홀을 향해 풋을 했을 때 공이 지나가는 선.

래터럴 워터 해저드(Lateral Water Hazard) 코스 내에 설치된 호수, 강, 도랑, 연못 등의 수역(水域). 여기에 공을 넣으면 1타의 벌(罰)을 부과한다.

러너업(Runner-up) 스트로크 플레이의 차점자를 가리킴.

러닝 어프로치(Running Approach) 볼을 멀리 굴려서 홀에 접근시키는 어프로치 숏을 가리킴. 로프트가 적은 클럽을 사용하면 좋다.

러버 티(Rubber Tee) 고무제로 된 볼 받침. 요즘은 플라스틱이나 셀룰로이드 제품이 많이 있다. 나무 제품이나 대나무 제품도 있다.

러브 오브 더 그린(Rub Of The Green) 움직이고 있는 볼이 국외자 때문에 멈추어지거나, 움직이는 방향을 변경시켰을 경우의 사고를 가리켜 말한다.

러프(Rough) 잡초 지대를 가리킴. 티 앞이나 페어 웨이의 양쪽, 그린 뒤쪽 등이 그것이다.

러핑(Roughing) 러프에서 볼을 내는 것을 말함.

런 업 숏(Run Up Shot) 볼을 높이 치지 않고 얕게 때려 홀에 접근시키는 방법.

레이디스 티(Ladies Tee) 부인용의 티. 프론트 티와 같다.

레이 아웃(Lay Out) 코스를 설계하는 일.

레퍼리(Referee) 심판원을 말하며 플레이어와 동행하여 현장의 사실 문제를 판가름하고 규칙을 적용하는 임무를 띠고 있다.

레이트 비기너(Late Beginner) 중년이 되어서 처음으로 골프를 시작한 사람.

레프트핸디드 골퍼(Lefthanded Golfer) 왼손잡이 골퍼. 사우스포라고도 말한다.

레인지(Range) 타구한 볼이 도달하는 거리.

로스트 볼(Lost Ball) 러프 등에 들어가서 발견할 수가 없는 볼. 아무리 찾아도 찾을 수가 없어서 5분이 지나면 로스트 볼로 인정된다.

로스트 홀(Lost Hole) 진 홀을 가리킴.

로컬 날리지(Local Knowledge) 지세(地勢)라든가 장해물 등에 대하여 각 코스의 특수성을 잘 알아두는 것.

로컬 룰(Local Rule) 그 코오스만에 특별히 마련되어 있는 규칙.

로프트(Loft) 클럽 페이스의 각도.

론섬(Lonesome) 혼자서 코스를 돌고 있는 골퍼. 이러한 사람은 다른 팀보다 플레이를 앞세울 것.

롱 볼(Wrong Ball) 잘못 친 타인의 볼.

롱 아이언(Long Iron) 아이언 클럽 가운데서 장거리용의 것. 아이언 1번에서 3번.

롱 홀(Long Hole) 파 5 이상의 거리가 먼 홀.

루스 그립(Loose Grip) 클럽을 느슨하게 쥐는 것. 또한 별로 모양이 좋지 않게 쥔 것을 말함.

루스 임페디먼트(Loose Impediment) 나뭇잎, 돌틈 같은 자연의 방해물이 코스에 있어서 플레이를 방해하는 것. 좀더 상세하게 말하면 고정시키거나, 볼에 부착되어 있지 않은 것.

루핑(Looping) 비구선에 평행선이 되지 않게 내외로 구부리는 스윙.

룩업(Look-up) 헤드 업과 같은 뜻이며, 머리가 들려지면 자연히 얼굴어 들리며 볼에서 눈이 떠나게 된다.

리스트 액션(Wrist Action) 손목의 동작을 가리킴.

리커버리 숫(Recovery Shot) 만회하려고 열심히 숫하는 것. 치기 까다로운 볼을 치는 것도 말한다.

리콜(Recall) 반칙에 의하여 상대방에게 다시 칠 것을 요구하는 것.

리프트(Lift) 갑자기 들어 올려서 타구하는 것. 보통은 우선 클럽을 뒤쪽으로 끈다. 또한 볼을 주워 올릴 경우를 말한다.

리플레이스(Replace) 볼을 바꾸어 놓는 것을 가리킴. 마음대로 되질 않아도 규정에 따른다. 지금까지 사용해 온 볼이 아니라 다른 볼을 바꾸어 놓는 경우도 있다.

(ㅁ)

마운드(Mound) 벙커나 그린이 주위의 적은 흙더미보다 높은 곳.

마커(Marker) 스트로크 플레이를 할 때 경기자의 스코어를 기록하는 사람. 이것을 선임하는 것은 위원이지만 동반 경기자가 임할 때도 있다.

만스리 컵(Monthly Cup) 원래 경기의 우승자에게 주는 컵.

매시(Mashy) 미들 아이언을 가리킴. 5번, 6번의 금속제 헤드의 클럽을 가리킴.

매치 플레이(Match Play) 홀 매치라고도 한다. 각 홀마다 승부를 결정하여 모든 홀에서 승자가 나머지의 홀 숫자를 오버 했을 경우 경기는 끝나게 된다.

메달리스트(Medalist) 핸디캡이 없는 경기에서 최저 스코어를 낸 사람을 가리킴.

메달 스코어(Medal Score) 스트로크 수. 페널티 스트로크도 계산한다.

메달 플레이(Medal Play) 각 홀에 소비한 스트로크 수를 계산하여 적은 것을 이겼다고 하는 경기.

미디엄 아이언(Medium Iron) 4번, 5번, 6번 아이언을 가리킴. 미들 아이언이라고도 한다. 1번 아이언. 2번 아이언, 3번 아이언은 롱 아이언이라 함.

믹스(Mix) 남녀 혼합의 플레이. 믹스트 퍼섬이라고 하며 남녀 혼합의 양팀이 치루는 경기를 가리킴.

(ㅂ)

백 스윙(Back Swing) 클럽을 뒤로 흔들어서 톱에 이르기까지의 동작을 말하는데, 백 스윙에는 테이크 백, 콕에어리어, 톱 오브 스윙으로 구분된다.

백 스핀(Back Spin) 볼에 회전을 부여하여 당구에서의 요령으로 볼의 진행 방향을 반대로 한다. 볼이 떨어져도 굴러가는 힘이 약하다. 각도가 큰 미디엄 아이언을 사용하여 친다. 언더 스핀이라고도 한다.

버디(Birdie) 한 홀에서 기준 타수보다 1타가 적게 홀 인하는 경우.

버피(Buffy) 4번 우드의 별칭.

벙커(Bunker) 엄호의 뜻으로 골프장 안에 푹 파인 곳. 크로스 벙커, 사이드 벙커, 가드 벙커 등이 있다.

베스트 볼 매치(Best Ball Match) 두세 사람을 상대로 경기를 벌여 그 두세 사람 중에 가장 성적이 좋은 Ball에 의해 승패를 결정하는 매치 플레이.

보기(Bogey) 어프로치 이상의 실력을 가리킴. 파보다 1타 수가 더 많은 것을 가리킴.

보기 컴피티션(Bogey Competition) 각 홀에는 표준 스코어가 있으나, 그것을 상대로 하여 플레이하는 경기를 가리킴.

브래시(Brassie) 2번 우드의 별칭.

블랙 샤프트(Black Shaft) 클럽이 탄소 합금으로 된 것.

비기너(Beginner) 골프 초심자.

비지터(Visitor) 회원제도로 되어 있는 골프장에 비회원이 허가를 받아 경기를 하게 된 사람.

빙글 뱅글 벙글(Bingl Bangl Bungl) ① 각 홀에서 그린에다가 최초로 얹은 사람에게 1점, ② 모두 그린에 얹혀 있을 때는 가장 가까이 홀에 다가간 사람에게 1점, ③ 최초로 홀 인시킨 사람에게 1점을 준다는 경기 방식.

(ㅅ)

사이드(Side) 서로 파트너가 되어 대항하는 쪽.

사이드 블로(Side Blow) 옆으로 후리는 타법.

사이드 스핀(Side Spin) 볼의 가로 회전.

사이드힐 라이(Sidehill Lie) 비구선과 평행의 경사면에 멈추어져 있는 볼의 지점.

샤프트(Shaft) 클럽의 손잡이 부분.

샌드 그린(Sand Green) 잔디 대신에 모래의 퍼팅 그린을 가리킴.

샌드 아이언(Sand Iron) 벙커 등의 모래 땅에서 사용하는 아이언 클럽.

샌드 웨지(Sand Wedge) 주로 벙커 숏용의 아이언 클럽.

샌드 티(Sand Tee) 평평한 모래터의 티.

선데이 골퍼(Sunday Golfer) 선데이즈 골퍼라고도 말함. 일요일만 되면 코스를 찾아 나서는 골퍼를 가리킴.

세미파이널(Semi-final) 준결승전을 가리킴. 결승전은 파이널. 세미 프로는 등록되지 않는 프로를 가리킴.

셋(Set) 한 조의 클럽(아이언 9개, 우드 4개를 원 셋이라 함), 또는 경기 종료를 말하는 게임 셋의 뜻.

솔(Sole) 클럽 헤드의 밑바닥을 가리킴. 밑바닥을 지면에 붙이는 것을 솔한다, 또는 솔링이라고 말한다.

소켓(Socket) 클럽의 헤드와 샤프트의 연결 부위. 생크라고도 함.

쇼트(Short) 볼이 목표한 바로 앞에 정지하는 것.

쇼트 게임(Short Game) 짧은 거리의 경기로 퍼팅 그린에서 한다.

쇼트 아이언(Short Iron) 7번에서 9번의 아이언 클럽을 가리킴.

쇼트 컷(Short Cut) 굽은 홀에서 빨리 도달할 수 있는 곳을 겨냥해 치는 타법.

쇼트 페이스(Short Face) 업 스윙의 정점이며, 클럽 페이스가 하늘로 향해 있는 것. 싱크 볼을 홀에 넣는 것을 말함.

쇼트 홀(Short Hole) 파 3의 홀. 250야드 이하의 홀을 가리킴.

스웨이(Sway) 스윙을 할 때, 상반신이 좌우로 흔들리는 것을 말함.

스위트 스폿(Swit Spot) 클럽 페이스의 중심.

스위프(Sweep) 클럽 헤드로 지상을 쓸듯이 부드럽게 스윙하는 것을 가리킴.

스윙(Swing) 정확하게 말하면 플레이어가 어드레스하여 클럽을 뒤쪽으로 끌어 볼을 마지막으로 치기까지의 동작이다. 골프는 모두가 스윙이라고 말할 수가 있다.

스쿠핑(Scooping) 볼을 구출해내듯이 치는 것을 말하며 규칙 위반이다.

스퀘어(Square) 플레이어의 쌍방이 동수의 홀 수를 따고 있는 것을 가리킴.

스퀘어 스탠스(Square Stance) 볼을 칠 때 볼에 평행이 되도록 양발을 자리잡는 것. 오픈 스탠스, 크로스 스탠스와 더불어 스탠스의 세가지 기본이다.

스크래치(Scratch) 핸디캡이 없는 것. 핸디캡이 없는 플레이어를 스크래치 플레이어라고 말한다.

스타이미(Stymie) 공과 그린을 잇는 선상에 장애물이 있을 때를 가리킴.

스타팅 오더(Starting Order) 플레이어의 경기 시작 순서.

스탠스(Stance) 공을 칠 때 두 발의 위치.

스톤 데드(Stone Dead) 돌처럼 움직이지 않는 것. 볼에 백 스윙을 해서 그린을 쳤을 때 이렇게 된다.

스트레이트 레프트(Straight Left) 다운 스윙을 할 때 왼팔을 똑바로 뻗은 것.

스트로크(Stroke) 공을 치는 것, 또는 타수.

스트로크 플레이(Stroke Play) 매치 플레이에 대하여 행하는 플레이. 라운드의 타수 합계로 경기를 행함.

스트롱 그립(Strong Grip) 왼손의 손가락 전체로 샤프트를 쥐어서 손등의 절반을 하늘로 향하게 하는 그립.

스티프(Stiff) 자세가 굳어 있는 것.

스페셜 우드(Special Wood) 6, 7번 우드

스펙터클 벙커(Spectacle Bunker) 플레이어의 눈을 위협, 심리적으로 애를 먹게 만들어진 벙커.

스푼(Spoon) 우드 클럽의 3번.

스핀(Spin) 공의 회전.

슬라이스(Slice) 타구를 할 때 클럽 페이스가 볼 바깥쪽에 맞아서 오른쪽으로 휘돌아 나가는 것.

슬라이스 라인(Slice Line) 그린 위에서 배팅을 할 때 플레이어로부터 오른쪽으로 휘어가는 것처럼 보이는 가상의 선.

시사이드 코스(Seaside Course) 해안에 있는 코스.

시저 액션(Scissor Action) 임팩트를 할 경우에 양쪽에서 가위를 조르듯이 하는 동작을 말함.

싱글(Single) ① 핸디가 9이하인 플레이어. ② 개인 대 개인의 경기.

(ㅇ)

아미(Army) 전반 9홀의 성적으로 핸디를 정하는 것.

아웃(Out) 18홀의 코스에서 전반 9홀. 후반의 9홀을 인이라고 한다.

아웃사이드 에이전시(Outside Agency) 국외자(局外者)라 하는데 경기자와 캐디를 제외한 사람. 또는 동물이나 장애물.

144

아웃사이드 인(Outside In) 클럽의 머리를 바깥쪽으로 엇비슷하게 쳐서 안쪽으로 볼을 대는 것. 말하자면 슬라이스가 생긴다.

아웃 오브 바운드(Out Of Bounds) 이것을 생략하여 아웃 바운드라고 말하며 요즘에는 오비라고도 말한다. 스코어에 기록할 때는 O.B 라고 적는다. 플레이를 금지당하고 있는 지역에 볼이 들어간 것을 말하며, 그 지역에는 표시가 되어져 있다.

아이언(Iron) 클럽의 머리 부분이 철강제이기 때문에 모든 클럽을 아이언 또는 아이언 클럽을 생략하여 말하기도 한다. 흔히 아이언 클럽의 1번에서 9번까지의 9개를 가리켜도 좋다. 1번에서 3번까지를 롱 아이언, 4번에서 6번까지를 미디엄 아이언, 7번에서 9번까지를 쇼트 아이언이라 한다.

아이언 플레이(Iron Play) 아이언 클럽으로 볼을 치는 것을 말한다.

애버리지 골퍼(Average Golfer) 핸디가 18 정도 되는 플레이어.

액시던트(Accident) 생각지도 않았던 사고가 일어났거나 횡액을 말한다.

앨버트로스(Albatross) 파의 3 스트로크 적은 타수로 홀 아웃한 스코어에 사용하는 말이다.

어게인(Again) 새로 치는 것. 플레이 어게인을 생략한 것이다.

어게인스트 윈드(Against Wind) 맞바람.

어게인스트 파(Against Par) 파 플레이라고도 말하며 각 홀에 정해진 파를 대조하여 승부를 결정한다. 파를 오버하면 진 것이며 각 홀에서 플러스와 마이너스를 기록하여 플러스가 많은 쪽이 이긴 것이다.

어드레스(Address) 자세를 결정하여 클럽을 볼에 대고 노렸을 때를 가리킴.

어드바이스(Advice) 자기의 캐디에게서 조언을 듣거나 클럽 사용 방법에 대하여 묻는 것을 가리킴.

어센던트 숏(Ascendent Shot) 볼을 쳐올리는 것과 같이 했을 경우

어센딩(Ascending) 공중 높이 공을 쳐올리는 것.

어웨이(Away) 플레이가 우선 첫번째로 치는 볼을 가리켜 말한다.

어프로치(Approach) 어프로치 숏이라고도 한다. 그린을 향하여 볼을 접근시켜 치는 것을 가리킴.

어프로치 퍼트(Approach Putt) 볼을 핀에 접근시키는 롱 퍼트.

언더 리페어(Under Repair) 코스 내에 수리를 위해 표시해 놓은 지역.

언더 클럽(Under Club) 자기에게 적격인 것보다도 좀더 아래 클럽.

언더 파(Under Par) 파보다도 적은 스코어.

언더 핸디캡(Under Handicap) 플레이어의 스코어에 핸디캡을 가하여 그것으로 승부하는 방법.

언플레이어블(Unplayable) 플레이 불능인 지역에 볼이 들어간 경우.

업라이트(Upright) 낮게 쳐올리는 평면 스윙이 수직에 가까운 것을 말한다. 업라이트 스윙이라고도 말한다.

업라이트 라이(Upright Lie) 클럽의 손잡이와 평면이 되는 각도가 직각에 가까운 상태를 말한다.

업 스윙(Up Swing) 백 스윙이라고도 하며 야구의 타자인 경우와 같이 클럽을 뒤쪽으로 흔드는 것을 가리킴.

업 아웃 다운(Up Out Down) 지면의 기폭 상태를 가리킴.

업저버(Observer) 골프 경기 규칙에 의하면 의심이 되는 사실의 판정에 있어서 심판원에게 조력하며, 또는 로컬 룰에 관한 반칙에 대하여 심판원에게 보고할 의무를 갖는 사람이 업저버이다. 이를 선출하는 것은 위원이다. 업저버는 깃대에 붙어 서거나 홀 옆에 서거나 하지 못하며, 홀의 위치, 볼의 위치를 마크하지 못한다. 또 볼을 집어 올리지도 못한다.

업킵(Up Keep) 코스 상태를 고르게 하기 위하여 잔디를 잘 손질해 두는 것.

업 투 고(Up To Go) 경기 성적 표기 방법.

업힐 라이(Uphill Lie) 오르막의 경사면에 공이 놓여 있는 상태.

에러틱(Errortic) 실책하기 쉬운 기분이나 기술. 흐트러지기 쉬운 상태를 가리킴.

에지(Edge) 그린이라든가, 벙커, 홀 등의 주변을 가리킴. 가장자리나 끝을 말함.

에클렉틱 스코어(Eclectic Score) 두 번 이상 코스를 돌아서 각 홀마다 스트로크 수효가 적은 쪽을 스코어로 하여 그것에 따라서 원 라운드의 스코어를 결정하는 방법. 핸디캡을 부여할 경우에는 각 홀의 최소 타수를 선택한 스코어로 계산하지만 스크래치로 행하는 경우도 있다.

에프론(Apron) 그린의 주위를 에프론처럼 늘어뜨리고 있는 경사진 면.

엑스트러 홀(Extra Hole) 일정한 홀에서 승부가 나지 않으면 거기에서 홀을 추가하여 승패를 결정할 때의 그 홀을 가리켜 말한다.

엔트리(Entry) 경기 참가의 신청.

엔트런스 피(Entrance Fee) 입장료.

오너(Honour) 각 홀의 티 그라운드에서 먼저 볼을 치는 편을 말함. 1홀의 타수가 적은 사람이 다음 티의 오너가 됨. 첫번째 홀에서는 핸디캡이 적거나 또는 추첨으로 치기 시작한다.

오버 골프(Over Golf) 골프를 지나치게 하는 것을 말함. 다만 오버라고 하면 볼이 홀을 지나치게 갔거나, 목표를 넘었을 경우를 가리킴.

오버 드라이브(Over Drive) 클럽으로 친 볼이 목적지보다 멀리 날아간 것을 말함.

오버래핑 그립(Overlapping Grip) 클럽을 쥐는 방법의 일종. 오른손 새끼손가락을 왼손 인지 위에 겹쳐서 클럽을 쥐는 방법.

오버 스윙(Over Swing) 클럽을 지나치게 휘두르는 것을 말한다.

오버 스핀(Over Spin) 당구에서 볼이 회전하는 듯한 것을 말함. 즉 볼이 비구선과 같은 방향으로 회전한다.

오버 컨센트레이션(Over Concentration) 과도의 정신 집중을 가리킴. 즉, 거북한 모습으로 스윙하게 됨으로 리듬이 흐트러진다.

오버 클럽(Over Club) 자기에게 알맞는 클럽보다도 한층 위의 클럽을 가리킴.

오버 파(Over Par) 파보다는 타수가 훨씬 능가하는 것을 가리킴.

오비(OB) 아웃 오브 바운드의 약칭.

오프(Off) 좋지 못한 날씨 사정으로 공이 제대로 맞지 않을 때 쓰는 말.

오픈 스탠스(Open Stance) 스탠스란 발을 벌리는 정도에 따르므로, 이 오픈 스탠스는 비구선과 평행되는 발의 준비 방법에서 좌우를 약간 뒤쪽으로 끌어 내려 서는 방법이다. 그 반대로 좌우가 앞으로 나온 것은 크로스 스탠스, 정확하게 평행이 된 것은 스퀘어 스탠스, 이 세 가지가 기본이 된다. 야구의 타자의 경우도 마찬가지다.

오픈 페이스(Open Face) 스윙의 정점에서 클럽 페이스가 지면과 수직으로 되는 것을 가리킴.

온(On) 볼이 그린 위에 오르는 것을 말함. 원 온이라고 말하면 1타로 그린에 오르는 것. 투 온은 2타.

올 스퀘어(All Square) 무승부 동점을 말함. 분열되어 버린 시합이나 타이의 경기를 결정하는 날, 시간, 방법은 위원이 결정한다.

올 스트로크(All Stroke) 오버 클럽. 힘겹게 쥐고 겨우 목적의 거리를 얻게 되는 클럽을 말한다. 이와 같은 클럽을 사용하기보다도 그 이하의 클럽으로 마음 편한 스윙을 할 것.

와인드업(Wind-up) 백 스윙을 할 때에 몸을 뒤트는 동작을 가리킴. 야구에서의 투수가 팔을 휘두르는 와인드업과 같이 클럽을 빙글빙글 돌리는 것은 아니다.

왜글(Waggle) 어드레스하여 스윙하기 전에 클럽의 헤드를 적게 좌우로 휘둘러서 목표물을 노리는 것과 연결되는 예비 동작을 가리킴. 손목의 부드러움을 유지하기 위한 것.

왜글 샤플(Waggle Shaffle) 스윙을 시작하기 전의 손목의 예비 운동을 가리킴. 손목을 부드럽게 하기 위하여, 클럽을 전후로 좌우로 그리고 상하로 가볍게 흔든다.

우든 샤프트(Wooden Shaft) 샤프트 부분이 나무로 된 것.

워터 해저드(Water Hazard) 고스 가운데 강물, 구덩이, 연못, 늪 등의 장해물을 가리킴.

원 숏 홀(One Shot Hole) 티 그라운드에서 1타로 그린에 볼이 날아가는 그린의 홀을 말한다.

원 오브 스리(One Of Three) 경기할 때 스트로크를 헤아리는 방법. 만약 싱글 게임에서 상대방이 3 스트로크 더 많이 플레이하고 있는 것을 스리 모어라고 하지만, 이쪽이 다음으로 스트로크하는 것을 원 오브 스리라고 말한다.

원 온(One On) 제1타로 그린에 볼을 날아가게 하는 것을 가리킴.

원 퍼트(One Putt) 한 번의 퍼트로 볼을 홀 인하는 것을 말함.

원피스 스윙(One-piece Swing) 스윙 동작의 하나하나 모든 과정을 기능적으로 일체화하여 부드럽고 자연스럽게 이루어지는 스윙.

웨이트 시프트(Weight Shift) 스윙할 때 체중이 오른발에서 왼발로 옮겨가는 과정을 알 수 있도록 설명할 경우에 사용한다.

웨지 아이언(Wedge Iron) 클럽의 일종이며, 9번보다 한층 경사진 바닥이 넓고 평평한 어프로치용의 것이다.

웰아웃(Well-out) 러프나 해저드, 벙커 등에서 훌륭히 볼을 쳤을 때의 칭찬하는 말.

위닝 숏(Winning Shot) 승부를 결정한 최후의 타구를 위닝 볼이라고 하며 그 결정타를 위닝 숏이라고 한다.

위크 그립(Weak Grip) 양쪽 손의 바닥을 클럽 페이스에 평행하게 하여 샤프트의 옆에 대고 쥐는 그립.

워크데이 멤버(Weekday Member) 멤버 조직의 코스로 일요일이나 공휴일 이외의 날에만 플레이 할 권리가 있는 멤버.

윈터 그린(Winter Green) 겨울철에만 사용하고 있는 그린.

윈터 룰(Winter Rule) 겨울에만 적용하도록 결정지어진 규칙. 낙엽이나 잔디의 상태라든가, 기후등을 생각하여 결정한다.

윙 벙커(Wing Bunker) 페어 웨이의 가운데까지 들어와 있는 벙커.

이글(Eagle) 2언더 파보다 2타 적은 타수로 홀 아웃시키는 경우를 말함.

이븐(Even) 타수가 동점이 되었을 경우를 가리킴.

이치(Each) 각자가 갖고 있는 타수. 6이치라고 하면 각 6타의 수를 가리킴.

익스플로시브 숏(Explosive Shot) 아주 강한 공을 쳐올릴 때 쓰는 말.

익스플로젼(Explosion) 보통 숏보다 깊게 모래와 함께 쳐내는 타법.

인(In) 18홀의 전반을 아웃, 후반의 9홀을 인이라고 한다. 컴 인의 약어이다.

인 랜드 코스(In Land Course) 산간이나, 평지에 만들어진 골프 코스를 가리킴.

인 바운드(In Bounds) 플레이가 허용된 지역.

인비테이션 매치(Invitation match) 초대 시합을 가리킴.

인사이드 아웃(Inside Out) 타구 동작을 시작했을 때 즉, 스윙을 했을 때 클럽의 머리가 볼이 나는 방향 안쪽에 들어와, 볼에 맞아 바깥쪽으로 빠져 나가듯이 스윙하는 것. 아웃 사이드 인과 정반대의 동작이다. 이 때에는 볼은 컷되며 날아간다.

인터록킹 그립(Interlocking Grip) 오른손 새끼손가락을 왼손의 인지밑에서 깍지를 끼어 클럽을 쥐는 방법의 하나. 손이 적은 사람, 손목이 약한 사람에게 좋다.

인터클럽 매치(Inter-club Match) 클럽끼리의 대항 시합.

인텐셔널 슬라이스(Intentional Slice) 그린이 숲 저쪽에 있다든가, 해저드를 피하지 않으면 안 될 경우, 볼을 날려가는 도중에 굴려야 될 필요가 있어, 일부러 그렇게 치는 것을 말함.

인 플레이(In Play) 플레이어가 티에서부터 공을 쳐 홀에 들어갈 때까지 경기가 계속되는 상태.

일레귤러 바운드(Irregular Bound) 불규칙하게 바운드 되는 상태로 크게 튀거나 굴러가는 것을 말함.

일리미네이션 라운드 (Elimination Round) 자격을 결정하는 예선이며 그 이전의 선출 경기. 예선 중의 예선.

임팩트(Impact)) 클럽의 헤드가 볼을 친 순간. 다운 스윙이 끝나는 시점에 클럽 헤드와 볼이 만나는 순간.

(ㅈ)

잠정구(暫定球, Provisional Ball) 타구한 공이 OB에 떨어지거나 분실될 우려가 있을 경우를 대비하여 재차 타구하는 공. 프로비저널 볼이라고도 한다.

장애물(障礙物) 모두 인공적인 물건으로 해저드의 다리, 신문지, 오물 등의 장애물이다. 그러나 OB의 경계를 나타내는 말뚝과 울타리 같은 것은 장애물이 아니다.

(ㅊ)

치프 커미티(Chief Committee) 위원회의 위원장(委員長). 위원회는 경기를 관리하거나, 코스를 관리하는 위원회를 말한다.

칩 숏(Chip Shot) 그린 가까이에서 볼을 홀 언저리에 보내려고 하는 방법. 어프로치 숏 가운데서도 아주 가까이에서 핀을 노려 치는 방법.

(ㅋ)

카드 스코어(Card Score) 각 클럽에는 특정한 카드가 준비되어져 있으며, 거리, 로컬 룰, 파의 수 등을 기재해 놓고 있다.

카트(Cart) 캐디 백을 운반하기 위한 수레.

캐디(Caddie) 플레이어의 클럽을 운반하거나 그린 표시의 깃발로 컵의 위치를 가리키는 사람. 캐디를 훈련하거나, 지휘하는 사람을 캐디 마스터라고 말한다.

캐리(Carry) 볼이 나는 거리를 말함.

캐주얼 워터(Casual Water) 코스 가운데 물이 고인 곳이지만 일시적인 물이며, 워터 해저드로 보이지 않으므로 볼이 거기에 들어 갔을 때에는 규칙에 의하여 구출된다. 단 워터 해저드 구역에 있는 이러한 종류의 물에 한하여 캐주얼 워터라고 인정하지 않는다.

캡틴(Captain) 주장을 가리킴. 마스터라고는 말하지 않는다. 각 클럽에는 역원으로 임하고 있다.

커미티(Committee) 클럽 위원을 가리킴. 클럽이나 코스의 운영을 담당한다.

커피 라이(Cuppy Lie) 볼이 움푹 패인 곳에 멈추어 있는 것을 말한다.

컨트리 클럽(Country Club) 전원 클럽에서 나온 말이며 골프 클럽의 별명이 되어져 있다.

컵(Cup) 홀의 별명, 또는 우승배를 가리킴.

컷(Cut) 컷 숏이라고도 말한다. 볼을 비스듬하게 잘라 내듯이 치는 것.

컷업(Cut-up) 볼을 높이 쳐올리는 것을 말함.

컷인(Cut-in) 도중에서 플레이하여 코스의 순서를 무시한 방법으로 하는 것을 말함.

코스(Course) 골프장의 코스를 약해서 코스라고 말하고 있다. 공식적인 선수권을 행사하는 데는 전장 6500 야드, 18홀. 각 홀의 파의 합계가 72가 되지 않으면 안 된다. 위원회는 OB, 워터 해저드, 래터럴 워터 해저드, 방해물의 경계를 명시해야 한다.

코스 레이트(Course Rate) 코스의 지형 조건의 난이도를 고려하여 산출한 기준 타수.

코스 레코드(Course Record) 코스의 최고 스코어로 가장 적은 타수를 말함.

콕 에어리어(Cock Area) 백 스윙에 옮기기 직전에 손목을 구부려 스윙할 때, 그 순간의 골절을 가리킨다.

콘시더(Consider) 메달 플레이에서는 용납할 수 없는 일이지만 홀 매치의 경우에 상대방이 남겨 놓은 볼의 숏 퍼트를 홀 아웃시키지 않고 그대로 주는 것을 말함.

컴피티터(Competitor) 경기자를 가리킴.

컴피티션(Competition) 경기를 가리킴. 컴피티션 커미티라고 하면 경기 위원, 프라이비트 컴피티션이라고 하면 동료끼리의 경기를 가리킴.

쿼터 스윙(Quarter Swing) 클럽 헤드를 어깨 높이까지 올려서 치는 것. 즉 4분의 1 정도로 휘두르는 것.

퀄리파이 라운드(Qualify Round) 참가 선수 가운데서 성적순에 따라서 결승전에 출전하는 자격자를 선택한다. 그 예선을 말함.

크로스(Cross) 핸디캡을 끌지 않는 타수의 총수. 보통은 크로스에서 핸디캡을 제외한 수로 승패를 결정하지만 선수권 시합인 경우에는 오픈이거나 아마추어라도 모두 크로스로 결정한다.

크로스 라이(Cross Lie) 볼이 페어웨이에서 풀이 짧게 깎여 있는 땅위의 딱딱한 곳에 멈추어져 있는 것을 말한다.

크로스 벙커(Cross Bunker) 코스를 가로질러 만들어진 벙커. 페어 웨이 가운데 벙커가 끼여 있다.

클럽(Club) 골프의 볼을 치는 기구.

클럽 렝스(Club Length) 클럽의 길이를 가리킴. 거리를 측정하는 표준으로 되어 있다.

클럽 페이스(Club Face) 클럽 헤드가 볼을 치는 바닥을 가리킴. 즉 타구면. 약식으로 페이스라고도 말한다.

클럽 하우스(Club House) 클럽 회원의 휴게소. 거기에는 식당, 로커 룸, 목욕탕, 사무실 등이 있다. 19번 홀이라고 말함.

클럽 핸디캡(Club Handicap) 각 클럽에 등록되어 있는 핸디캡을 가리킴. 공식 경기에는 인정받지 못할 경우가 있다.

클로즈 스탠스(Close Stance) 타구를 할 때 오른발을 약간 뒤쪽으로 끈 자세. 오픈 스탠스 항목을 참조할 것.

클리크(C'leek) 5번 우드의 별칭.

(ㅌ)

타이(Tie) 보통 타구가 같은 경우라든가, 같은 비율을 말하지만 토너먼트에서는 최소한 타수가 둘 이상 있을 경우를 말하며, 메달 플레이에서는 양쪽의 스코어가 동점이 된 경우를 말한다.

터프(Turf) 클럽 헤드가 볼에 닿기 전에 힘이 빠져 버린 경우나, 땅바닥을 파올리거나 할 경우를 말함.

턴(Turn) 18홀의 후반. 나머지 9홀로 향하는 길을 "턴한다"고 말한다.

테이크 백(Take Back) 백 스윙을 시작하는 동작.

톰 스톤(Tomb Stone) 표식경기라고 말하는 경기. 기준 타수의 합계에 핸디를 가산하고, 그 총타수를 치고 난 지점에 기를 세워 가장먼 곳에 기가 있는 사람이 우승자임.

톱 오브 스윙(Top Of Swing) 백 스윙의 정점(頂點).

톱핑(Topping) 볼의 중심에서 위를 치는 것. 랭킹 1위를 가리키기도 함.

투 고 (Two Go) 홀 매치의 경우에는 플레이가 아직도 끝나지 않은 홀 수를 헤아릴 때에 나머지 홀 수에 '투 고'를 붙인다. 만약 4홀이 남아 있다고 한다면 '포 고'라고 말한다.

투 모어(Two More) 2스트로크 상대방이 더 많이 플레이했을 때.

투 쇼터(Two Shotter) 2타구로 이르게 되는 홀을 가리킴.

트랩(Trap) 공을 떨어뜨려 놓는 계책.

트러블 숏(Trouble Shot) 곤란한 장소에 들어간 볼을 치는 것.

티(Tee) 나무나 고무, 셀룰로이드, 플라스틱 등으로 만들어져 있으며, 5센티 길이의 송곳이 달려 땅바닥에 꽂혀 있다.

티 그라운드(Tee Ground) 제1타를 치기 위해 바닥을 고르게 해 놓은 장소.

티 마크(Tee Mark) 티 그라운드를 가리키는 표식. 티 그라운드의 앞쪽에 두 개가 놓여져 있다.

티 숏(Tee Shot) 티에서 첫 볼을 치는 것을 말함.

티 업(Tee Up) 볼을 자리에 놓는 것.

(ㅍ)

파(Par) 각 홀마다 제정되어 있는 표준적인 소요 스트로크 수를 말함.

파 플레이어(Par Player) 18홀을 파로 돌리는 기능을 지닌 플레이어.

패스(Pass) 앞서가는 조가 사고이기 때문에 뒤따르는 조를 먼저 가게 하는 것.

퍼터(Putter) 그린에서 볼을 홀에 가깝게 앉히기 위하여 사용하는 아이언 클럽.

퍼트(Putt) 그린 위에서 퍼터로 홀에 볼을 치는 것.

퍼팅 그린(Putting Green) 현재 경기를 하고 있는 홀의 퍼팅을 위하여 특별히 정비한 전구역(全區域).

퍼팅 렉(Putting Leg) 왼발을 가리킴. 퍼팅에는 왼발이 중시되어 있기 때문이다.

페널티(Penalty) 플레이상의 벌칙.

페널티 스트로크(Penalty Stroke) 벌타(罰打)로서 한 플레이어 또는 한 사이드의 스코어에 부가하는 것을 말한다.

페어 웨이(Fair Way) 티와 그린 사이의 잔디 지대. 페어 웨이 옆에는 러프나 벙커 등이 있다.

페이드 볼(Fade Ball) 친 공이 낙하할 때에 힘 없이 오른쪽으로 굴러가는 것. 드로의 반대 개념.

펠로우 컴피티터(Fellow Competitor) 동반 경기자.

포 볼(Four Ball) 두 명씩 짝을 지어 대항하고 경기자는 개인별로 자기 공을 치는데 홀마다 타수가 적은 것을 스코어로 하는 매치 플레이, 또는 스트로크 플레이.

포 섬(Four Some) 두 명씩 짝을 지어 각각 공을 1개씩 가지고 교대로 치는 매치 플레이, 또는 스트로크 플레이.

포워드 프레스(Forward Press) 스윙의 예비 동작으로 클럽 헤드를 어드레스인 상태로 두고 오른쪽 무릎과 허리, 샤프트를 앞으로 약하게 미는 동작.

포인트 터니(Point Touney) 스트로크 경기를 득점으로 하는 경기 방법.

포 캐디(Fore Caddie) 드라이버나 롱 아이언으로 친 공이 멈춘 자리에 표시를 하는 캐디.

폴로 스루(Follow Through) 공을 치고 난 뒤, 클럽 헤드가 비구선을 따라 동작을 끝내는 마지막 동작.

폴로 윈드(Follow Wind) 뒤에서 불어 오는 바람.

푸시(Push) 공이 라인에서 오른쪽으로 벗어나는 경우.

풀(Pull) 공이 라인에서 왼쪽으로 벗어나는 경우.

풀 스윙(Full Swing) 백 스윙의 정점에서 클럽의 손잡이가 지면과 수평(水平) 이하가 될 때까지 들어 올리는 스트로크.

프로비저널 볼(Provisional Ball) 잠정구(暫定球) 참조.

플래그스틱(Flagstick) 홀의 위치를 표시하기 위해 기 또는 이와 유사한 물건을 달거나 달지 않은 채 홀의 중심에 꼿꼿이 세운 표식으로 깃대의 단면은 원형이어야 한다.

플랫 스윙(Flat Swing) 지면과 수평에 가깝도록 휘둘러치는 것.

플러크(Fluke) 운좋게 잘 맞아서 성공하는 것.

플레이스(Place) 공을 땅 위에 놓는 것.

피니시(Finish) 스윙이 끝난 뒤의 자세.

피치 숏(Pitch Shot) 탄도(彈道)가 높은 어프로치 숏. 그린에 떨어져서 런을 많이 하지 않고 멈추게 된다.

피치 앤드 런(Pitch And Run) 그린을 향해서 공을 쳐올리고 런시켜 홀 가까이 떨어지도록 하는 것. 어프로치의 스타일에는 크게 나누어 3종류가 있다. 1 피치 숏 2 피치 앤드 런 3 러닝 어프로치가 그것이다.

(ㅎ)

하프(Half) 핸디캡에서 분리시키는 것. 또는 1홀의 타수가 같은 경우 하프라고도 말한다.

하프 숏(Half Shot) 백 스윙을 반 정도로 하여 타구한다. 이것은 거리를 계산한 방법인 것이다.

해저드(Hazard) 워터 해저드나 벙커와 같은 방해물을 말한다.

핸디캡(Handicap) 기준 타수를 기준으로 하여 각자의 기량, 능력에 의해 차이를 두는 것. '핸디'라고도 한다.

헤드(Head) 클럽 앞 끝의 공을 치는 부분.

헤드업(Head-up) 볼을 칠 때 머리를 드는 것. 야구의 타자와 같은 자세로 가장 좋지 않은 방법이다.

홀(Hole) ①그린의 컵과 같은 뜻. ② 티 그라운드에서 그린까지의 경기 구역.

홀 다운(Hole Down) 매치 플레이의 홀의 지는 수를 말한다.

홀 아웃(Hole Out) 1홀의 플레이가 끝난 것을 말한다.

홀 업(Hole Up) 매치 플레이에서 홀의 이기는 수를 말한다.

홀 인 원(Hole In One) 티 그라운드에서 1타로 홀에 볼을 넣는 것을 가리킴.

홈(Home) 18번의 그린을 말하거나, 후반의 홀을 말한다.

홈 코스(Home Course) 자기가 소속되어 있는 클럽 코스를 가리킴.

훅(Hook) 타구한 공이 비구선보다 왼쪽으로 휘어져 가는 것.

훅 라인(Hook Line) 퍼팅할 때에 플레이어로부터 왼쪽으로 휘는 듯하게 보이는 가상선.

훅 볼(Hook Ball) 오른손잡이 플레이어의 경우, 친 볼이 비구선(飛球線)보다 왼쪽으로 굽어서 나는 공.

히팅 에어리어(Hitting Area) 타격권.

사진 해설로 누구나 할 수 있는

골프교본

〔골프 용어 해설 수록〕

一信·스포츠書籍編輯室 編訳

기초적인 테크닉과 응용실전에 이르는 광범위한 내용을
교과서적인 딱딱한 구성을 탈피, 사진해설에 주안점을 두
고 풀이하고 있습니다. 물론 톱 플레이어들의 조언을 감안
했지만 경험을 토대로 한 것이므로 그만큼 과학적이며 실
리적인 내용임을 자부합니다.

국판 200면 반양장

INSTANT
GOLF LESSONS
速成圖解

인스턴트
골프
레슨

美·골프 다이제스트 編

一信·스포츠書籍編輯室 譯

인스턴트 골프 레슨은 효력 만점의 레슨 교재로서 수년
동안 美國 골프다이제스트誌에 게재된 112항을 한데 묶어
편찬한 책입니다. 프로들이 교재로 활용한 이 책의 내용은
단도직입적으로 이해하기 쉽고, 실전에 뛰어난 효과를 나
타낼 수 있다는 것이 특징이라 하겠습니다.

국판 232면 반양장

J. 니클라우스의

골프 基本技術

一信·스포츠書籍編輯室 編

全面 漫畵式圖解

이 책은 도해와 설명문에서 내가 알고 있는 골프 스윙의 모든 것을 될 수 있는 한 선명하고 명쾌하게, 그리고 논리적으로 나타내도록 노력했다. 그것은 골프의 가장 익사이팅한 부분이며, 가장 노력을 필요로 하는 부분이다.

잭 니클라우스

국판 208면 반양장

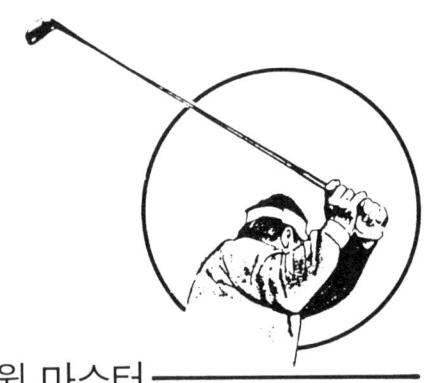

골프 스윙 마스터 ─────────

■ 편저역자 / 杉 本 英 世
　　　　　　스포츠書籍編輯室
■ 발 행 자 / 남　　　　　　용
■ 발 행 소 / 一信書籍出版社

주소 : 121-110 서울 마포구 신수동 177-3
등록 : 1969. 9. 12. NO. 10-70
전화 : 영업부 703-3001~6
　　　　편집부 703-3007~8
　　　　FAX 703-3009